BIBLIOTHÈQUE HISTORIQUE

ARMÉNIENNE.

NUMISMATIQUE DE L'ARMÉNIE

(C.)

BIBLIOTHÈQUE HISTORIQUE

ARMÉNIENNE

OU

CHOIX DES PRINCIPAUX HISTORIENS ARMÉNIENS

TRADUITS EN FRANÇAIS

ET

ACCOMPAGNÉS DE NOTES HISTORIQUES ET GÉOGRAPHIQUES

Collection destinée à servir de complément aux Chroniqueurs byzantins et slavons,

PAR

M. EDOUARD DULAURIER

Professeur à l'Ecole impériale des Langues orientales vivantes.

NUMISMATIQUE DE L'ARMÉNIE

PAR

VICTOR LANGLOIS

PARIS

C. ROLLIN, LIBRAIRE-ÉDITEUR,   A. DURAND, LIBRAIRE-ÉDITEUR,
12, rue Vivienne.   7, rue des Grés-Sorbonne.

LONDRES

M. CURT, 125, Great-Portland street, Regent street.

M DCC CLIX

1858

(c.)

BIBLIOTHÈQUE HISTORIQUE

ARMÉNIENNE

ou

CHOIX DES PRINCIPAUX HISTORIENS ARMÉNIENS

TRADUITS EN FRANÇAIS

ET

ACCOMPAGNÉS DE NOTES HISTORIQUES ET GÉOGRAPHIQUES

Collection destinée à servir de complément aux Chroniqueurs byzantins et slavons,

PAR

M. EDOUARD DULAURIER

Professeur à l'Ecole impériale des Langues orientales vivantes.

NUMISMATIQUE DE L'ARMÉNIE

PAR

VICTOR LANGLOIS

PARIS

C. ROLLIN, LIBRAIRE-ÉDITEUR,　　A. DURAND, LIBRAIRE-ÉDITEUR,

12, rue Vivienne.　　　　　　7, rue des Grés-Sorbonne.

LONDRES

M. CURT, 125, Great-Portland street, Regent street.

M DCC CLIX

1858

Paris. — Imprimerie de POMMERET et MOREAU, 42, rue Vavin

NUMISMATIQUE

DE

L'ARMÉNIE

DANS

L'ANTIQUITÉ

PAR

VICTOR LANGLOIS

Membre de l'Académie Impériale d'Archéologie de Saint-Pétersbourg,
de l'Institut des Langues orientales de Moskou , associé – correspondant de l'Académie Royale
des Sciences de Turin ; chargé par le Gouvernement français de l'exploration scientifique
de la Petite-Arménie pendant les années 1852-53.

PRÉFACE.

La numismatique de l'Arménie n'a jamais été décrite dans son ensemble, et, bien que les savants, qui se sont occupés du classement des monnaies des rois de l'Asie, aient souvent publié des pièces appartenant à la série des rois d'Arménie, jusqu'à présent aucun travail d'ensemble n'avait été tenté sur cette matière. Il est vrai que la numismatique de l'Arménie ne présente pas, comme celle des autres empires de l'Asie, une suite non interrompue de princes dont les médailles se rencontrent en grand nombre dans les cabinets numismatiques; au contraire, les monnaies de l'Arménie sont rares, et les lacunes qu'on remarque dans les collections ont été sans doute une des causes principales qui ont empêché les savants d'entreprendre une description complète des monuments qui composent la numismatique de l'Arménie.

En outre, le classement de plusieurs médailles offrait aussi de notables difficultés; les monnaies des rois homonymes semblaient être un obstacle à l'attribution de beaucoup d'entre elles, et, de plus, les numismatistes avaient introduit, parmi les médailles de l'Arménie, des pièces qui, à n'en pas douter, appartiennent à d'autres séries. Ainsi, par exemple, on était convenu d'attribuer à un roi d'Arménie, peu connu dans l'histoire et que Dion Cassius appela Mannissar, une médaille qui, après une foule de discussions, est aujourd'hui restituée à Adinnigaüs, prince arabe de la Mesène.

Toutes ces difficultés, que la science moderne a résolues, ne sont plus un obstacle maintenant à la publication d'un travail d'ensemble sur la numismatique arménienne, et les causes qui ont si longtemps fait hésiter les numismatistes n'existant plus, il ne nous a point paru téméraire de reprendre leurs travaux, en tenant compte des découvertes modernes et en offrant aujourd'hui aux savants,

a

les résultats d'une étude consciencieuse et approfondie sur un sujet qui, jusqu'à présent, avait été jugé presque inabordable.

On verra, en lisant l'introduction que nous avons placée en tête de notre travail, le rôle important que joua l'Arménie dans l'histoire de l'Asie ; les commencements et les developpements de ce royaume ; des détails sur la religion des anciens Arméniens et sur leur idiome. Ces questions, qui ressortent un peu du cadre qui nous était imposé par le titre même de l'ouvrage, nécessitaient cependant quelques développements, pour que le lecteur pût se rendre compte des affinités que la nation arménienne avait, dans l'antiquité, avec les autres peuples ses voisins.

Nous avons tracé dans un paragraphe spécial les grandes divisions de la numismatique de l'Arménie, et nous avons établi le principe qui sert à reconnaître de prime-abord les monnaies arméniennes de celles des autres souverains de l'Asie. Toutes ces questions, présentées sous un jour nouveau, offriront, nous l'espérons du moins, quelque intérêt à nos lecteurs.

Nous n'aurions point conçu l'espoir de mener à bonne fin le travail que nous avons entrepris, si nous n'avions été secondé dans nos études par la bienveillance toute particulière de S. M. l'Empereur de Russie, qui a bien voulu prendre sous son haut patronage la *Bibliothèque historique arménienne*, et en accepter la dédicace.

Notre ouvrage, qui fait partie de cette grande collection, dont un volume a déjà paru, est destiné à servir de complément aux historiens nationaux qui ont écrit à l'époque des Sassanides, et dont les récits embrassent toute la période de temps qui s'est écoulée depuis l'origine de la dynastie d'Haïg jusqu'à la conquête de l'Arménie par les Perses et les Arabes.

En terminant, qu'il nous soit permis d'exprimer à S. Exc. M. le comte de Lazareff, le protecteur des études arméniennes en Europe, à Agop-Effendy, conseiller de l'ambassade ottomane à Paris, et à notre savant ami, M. Édouard Dulaurier, le fondateur de la bibliothèque historique arménienne, toute notre reconnaissance, pour les encouragements et les conseils qu'ils n'ont cessé de nous prodiguer toutes les fois que nous avons eu recours à eux, dans l'intérêt de la tâche que nous nous sommes imposée.

V. L.

TABLE DES MATIÈRES.

INTRODUCTION.

§ Ier. PROLÉGOMÈNES.

Les origines de l'histoire d'Arménie, comme celles des autres empires de l'Asie, sont enveloppées d'épaisses ténèbres. Pendant longtemps , la tradition orale seule put transmettre les événements du passé aux générations successives et, de bonne heure, l'oubli vint effacer les traces , si défectueuses déjà, de la plus ancienne histoire.

Cependant, quelques-unes de ces voix primitives ont pénétré jusqu'à nous. Les traditions orales ont fini par trouver des écrivains , et quoiqu'elles aient été altérées dans cette transmission séculaire, quoique le symbolisme qui les enveloppe les rende souvent obscures et inintelligibles, quoiqu'elles présentent des lacunes nombreuses et quelquefois des vides qu'il est impossible de combler, elles nous permettent néanmoins de suivre la ligne des événements accomplis dans le passé et de retracer les phases principales de l'activité de la nation haïcienne.

L'Arménie, dans son enfance, était une tribu, seule forme patriarcale des premières sociétés humaines qui se sont formées sur la terre. Si nous voyons une longue suite de rois, depuis Haïg, le fondateur de la première dynastie arménienne, jusqu'au dernier monarque de la race , c'est que la tribu arménienne ne vivait pas, et, par conséquent, ne pouvait pas mourir. Elle végéta de la sorte pour se transformer plus tard , sous les rois de la deuxième dynastie, rois étrangers à l'Arménie, et qui tiraient leur origine des Parthes Arsacides. Semblable à ces zoophytes que l'on brise sans les détruire, et dont chaque partie, une fois qu'elle est détachée, devient elle-même un tout complet, la tribu arménienne se divisa, sans cependant cesser d'exister. Ainsi, les conquêtes des Assyriens, des Perses, des Romains, et, plus tard, des Grecs et des Arabes, la division de son territoire, n'enlevèrent pas à l'Arménie son homogénéité ; car, en la divisant, elle se partagea pour se multiplier. Et, tandis que nous voyons les grands empires de l'Asie, qui ont été si puissants, disparaître de la face du monde, comme un navire que la mer a englouti, nous voyons, au contraire, la nation arménienne résister à tout, même au temps qui n'épargne rien. Il reste aujourd'hui bien peu de nations qui vivent encore, quoique asservies et divisées, et qui n'aient jamais perdu un seul instant le souvenir de leurs annales, de leur grandeur passée et de leur nationalité. Le gouvernement de l'Arménie était constitué de telle sorte, son organisation était ainsi faite, qu'il atteignit la perfection : cette perfection consista moins à vivre beaucoup qu'à vivre longtemps.

L'histoire de l'Arménie, comme celle de tous les peuples qui prennent leur rang dans le monde, est partagée en trois époques. D'abord, elle se posa, si je puis m'exprimer ainsi, puis elle vécut, et enfin elle arriva, par une lente transition, à sa période de décadence et de suggestion. Telles sont les grandes divisions de l'histoire de l'Arménie dans l'antiquité. Sous la première race, la tribu se forma un corps de nation, se conquit un empire ; tandis que, sous les Arsacides, la nationalité arménienne constituée, se fit connaître aux autres peuples, plutôt par l'histoire de ses institutions que par ses conquêtes. C'est sous les rois de la seconde dynastie que l'Arménie fut florissante ; mais bientôt sa puissance diminua, et l'on vit les Parthes et les Romains ériger, en théâtre de leurs querelles, le royaume arménien, qui était placé entre eux comme une barrière. La puissance de ces deux voisins diminuait d'autant la force des Arméniens, qui se trouvaient dans la position la plus critique : servir l'un, était faire, en quelque sorte, une guerre sourde à l'autre ; abandonner le parti des premiers pour embrasser celui des seconds, c'était vouloir marcher à sa perte. Cependant la neutralité était impossible ; l'Arménie était donc fatalement sacrifiée au caprice de l'un ou de l'autre des deux grands empires. Elle tomba, sans cependant succomber, et pour se relever un jour moins puissante, il est vrai, qu'auparavant, et pour faire revivre, à d'autres époques et dans d'autres contrées, sa nationalité, ses institutions, sa religion et son idiome.

§ II. RELIGION.

La religion primitive des Arméniens fut semblable à celle des races indo-germaniques, c'était le polythéisme; puis, vinrent des cultes nouveaux apportés de l'Occident, qui modifièrent cette religion primitive et en déterminèrent les derniers caractères ; enfin, toute la signification des traditions fut oubliée dans la suite des temps, et tous les cultes dégénérèrent en une superstition grossière.

Chez les Arméniens, comme chez les Grecs et les autres peuples panthéistes, les croyances populaires ne dépassaient pas la mythologie sensuelle, et s'il était, pour quelques-uns, des rites mystérieux, des initiations qui pouvaient leur faire connaître une théologie plus haute, le peuple prenait à la lettre toutes les histoires que l'on racontait des dieux, et pour lui, c'étaient des êtres réels, revêtus des caractères que leur attribuait leur culte.

Sous les rois prédécesseurs de Tiridate (Dertad), l'Arménie suivait une religion qui était, à n'en pas pas douter, la même que celle des Parthes (1), dont ils étaient les voisins, c'est-à-dire un mélange des opinions de Zoroastre fort altérées, avec le culte des divinités grecques, et quelques autres superstitions apportées de la Scythie par leurs aïeux. C'était donc à la fois un mélange de polythéisme et de monothéisme, un synchrétisme particulier qui tenait aussi bien aux religions de l'Orient qu'à celles de l'Occident. Ainsi on voyait, dans les temples de l'Arménie, un grand nombre de statues de divinités nationales, auxquelles on faisait des sacrifices d'animaux, ce qui ne se

(1) Strabon, liv. XI, ch. 13.

pratiquait pas dans la religion de Zoroastre qui avait beaucoup d'analogie avec le culte mosaïque (1), car elle n'admettait l'existence d'aucune autre divinité que le *Temps sans bornes*, Zerwan, nom qui fut traduit, par les Grecs et les Romains, par ceux de Κρονος et de Saturne (2).

Aramazd, l'Ormuzd des Persans, le Ζευς des Grecs (3), créateur du ciel et de la terre (4), qui était adoré sous quatre formes différentes et avec des noms divers (5), recevait un culte spécial en Arménie. Il paraît qu'il était le même que Baal ou Bel, car Eusèbe (6) dit, à propos d'Aramazd : « Τὸν δὲ Βῆλον, ὅν Δια μεθερμηνέουσι, » mots auxquels la traduction arménienne du cinquième siècle ajouta : Հայերէն Արամազդ, c'est-à-dire « Belus, que les Grecs appellent Ζευς, et que les Arméniens appellent Aramazd. » Ce témoignage est confirmé par les paroles de saint Jean Osnietzi contre les Pauliciens : « Les Cyzi-« ciens appellent Aramazd, Nemrod ; les Babyloniens, Belus ; les Philistins, « Baal ; les Grecs, Zeus ; les Persans, Ormuzd ; les Arméniens, Aramazd. » Aramazd avait un temple à Ani, où étaient conservées les histoires nationales, et qui fut détruit au quatrième siècle par saint Grégoire Lousavoritch ou l'Illuminateur (7). On appelait aussi Aramazd, l'*hospitalier* ou l'*ami des hôtes*. On sait, en effet, par le témoignage d'Eusèbe (8), qu'Antiochus éleva, sur le mont Garizim, un temple à Jupiter hospitalier ; c'est aussi sous cette dénomination qu'il en avait un autre à Bazarana, dans le territoire de Pédagarania, et où on célébrait une fête le premier jour de navasart (11 juillet). On lui sacrifiait, au dire d'Agathange, des animaux, et on recevait le sang des victimes dans des vases d'or et d'argent. Aramazd avait aussi, dans son temple de Medzpin, une statue qu'Abgar transporta à Edesse (9).

(1) Er. Renan, *Hist. du peuple d'Israël.* — Cf. *Etudes d'hist. relig.*, p. 120.

(2) Cf. l'*Ordonnance de Mihr-Nerseh aux Arméniens*, dans Saint-Martin, *Mém. sur l'Arménie*, t. II, p. 472.

(3) Moyse de Khorèn, *Hist. d'Arm.*, liv. I, ch. 31. — Cf. aussi Reland, *Diss. sur les anc. rel. de la Perse.*

(4) Agathange, *Hist. de Tiridate*, 22.

(5) Moyse de Khorèn, liv. I, ch. 31.

(6) *Chroniq.*, 1re partie, p. 25; ed. arm. lat. de Venise.

(7) Agathange, *Hist. de Tirid. et de saint Grég.*, p. 351. — Moyse de Khorèn, liv. II, ch. 13.

(8) 2e part., p. 240.

(9) Moyse de Khorèn, l. II, ch. 27.

Le culte du feu se rattachait à celui d'Aramazd, ainsi que nous l'apprend Moyse de Khorên (1), qui raconte qu'Ardaschir voulut que le feu brulât, sans jamais s'éteindre, sur l'autel de Pakavan. Le territoire de Pakavan, mot qui signifie « le bourg des statues, » répond au district moderne de Bakou, à l'extrémité orientale de l'Arménie, et qui était regardé par les Parsis, comme un lieu saint, à cause du grand nombre de sources de naphthe qui s'y enflammaient naturellement, et qui, en plusieurs endroits, y entretenaient un feu perpétuel. On peut supposer que, du temps des anciens rois d'Arménie, ce lieu était déjà consacré au culte du feu.

Mihr ou Mithra, dont le culte, venu de la Perse, fut suivi en Arménie, était, selon Moyse de Khorên (2), la même divinité que Epheste ou Vulcain. Mihr avait un temple à Pakar'inch, ville de la province de Terdchan, au commencement du quatrième siècle. Saint Grégoire l'Illuminateur le détruisit (3), et les trésors qu'on y trouva furent distribués aux pauvres (4).

Vahak'n est une divinité arménienne dont le culte, au dire de Moyse de Khorên , semble s'être confondu plus tard avec celui d'Hercule, car les pontifes de la race de Vahnouni prenaient la statue virile d'Hercule, faite par Syllis et Dépénus, pour leur maître Vahak'n (5), et l'élevèrent dans le village d'Achdichad, au canton de Daron, après la mort d'Ardaschès Iᵉʳ, roi d'Arménie. Dans un autre passage, Moyse dit que Vahak'n, par ses victoires et ses combats contre les dragons, surpassa ceux d'Hercule (6). Ici, le dieu arménien est distingué par l'historien, tandis que les autres écrivains, moins versés que Moyse dans la connaissance des traditions mythologiques, confondent Hercule et Vahak'n, qui semble s'être transfiguré dans la légende arménienne , sous les traits qui rappellent l'Hercule des Grecs. La naissance de Vahak'n est rappelée dans un chant cosmogonique, où respire en plein le génie symbolique du vieil Orient ;

(1) Liv. II, ch. 77.
(2) Liv. II, ch. 12, 14.
(3) Agathange, p. 354. — Moyse de Khorên, liv. II, ch. 13.
(4) Indjidji, *Géogr. anc.*, p. 24-25.
(5) Moyse de Khorên, liv. II, ch. 12.
(6) Liv. I, ch. 31.

Moyse en a retenu quelques vers, enfantés par le génie improvisateur d'un des plus anciens bardes de l'Arménie :

> Le ciel et la terre étaient dans les douleurs de l'enfantement;
> La mer aux reflets de pourpre était aussi en travail;
> Du sein des eaux naquit un petit roseau vermeil;
> Du tuyau de ce roseau sortait de la fumée,
> Du tuyau de ce roseau sortait de la flamme,
> De cette flamme s'élançait un petit enfant;
> Il avait une chevelure de feu,
> Une barbe de flammes;
> Ses petits yeux étaient deux soleils.

Ces vers étaient encore chantés au temps de Moyse de Khorên, car il affirme les avoir entendu répéter au son du pampyron. On célébrait pareillement les hauts faits de Vahak'n, ses victoires contre les dragons, ses exploits aussi merveilleux que ceux d'Hercule. On disait qu'il avait été mis au rang des dieux; et, dans le pays des Ibériens, on lui éleva une statue devant laquelle on offrait des sacrifices (1). Quoi qu'il en soit, on ne peut s'empêcher de reconnaître dans ce mythe une origine égyptienne, car on retrouve, dans le culte Vahak'n, les formes principales du mythe d'Harpocrate, qui, lui aussi, prend naissance dans le calice d'une fleur de lotus. Jusqu'à présent on avait toujours cru, d'après Jablonsky (2), qu'Harpocrate signifiait *Horus boiteux;* mais il résulte de récentes étymologies prises dans la langue copte et proposées par M. Bunsen (3), qu'Harpocrate ne signifie pas autre chose qu'*Horus enfant*, ϩⲁⲣ-ⲡⲉ-ⲭⲣⲟⲩⲧⲓ, *Har-pé-Khrouti.* Cette étymologie explique les représentations des tableaux astronomiques de l'Egypte, des médailles du nome Phthéniote (4), des sculptures du Mammisi de Dendérah et des pierres gravées du cabinet de France (5), qui nous montrent le soleil à son lever, sous la forme d'Harpocrate, c'est-à-dire d'un enfant le doigt sur sa bouche, et sortant d'un calice de lotus. Ceci confirme le témoignage de Plutarque (6) qui dit, que les Egyptiens

---

(1) Moyse de Khorên, liv. I, ch. 31.

(2) *Panthéon,* cf. aussi Plutarque, *Isis et Osiris.* 20.

(3) *Place de l'Egypte.*

(4) Ma *Numism. des nomes,* p. 58-59.

(5) Chabouillet, *Catal. des camées,* nᵒˢ 177-9 et 2029.

(6) *De oracul. Pythiæ.*

peignaient Harpocrate assis sur une fleur de lotus (1) : « Αἰγυπτίους ἑωροκας ἀρχὴν ἀνατολῆς παιδίον νεογνὸν γράφοντας ἐπὶ λωτοῦ καθεζόμενον. » Dans la religion de l'Inde, nous voyons aussi Vichnou sortir de la mer primordiale (2).

En admettant, comme nous l'avons dit plus haut, que Vahak'n ait été assimilé à l'Hercule des Grecs, nous trouvons le culte de ce dieu associé à celui d'une autre divinité, la déesse Anahid, qui fait aussi partie du panthéon arménien. En effet, nous savons qu'à Achdichad, ville du canton de Daron, existait une statue d'Hercule, élevée par les Vahnouni, et à côté de laquelle Dikran II fit placer celle d'Aphrodite (3). Le temple d'Achdi-chad était divisé en trois parties, dont chacune, au dire d'Agathange, était consacrée à une divinité : le vahevajan contenait la statue d'Hercule en bronze doré, le second était consacré à Anahid et le troisième à Aphro-dite. Plutarque raconte que Lucullus, en allant à Sinope et en traversant l'Euphrate, vit des troupeaux destinés aux sacrifices d'Anahid.

Anahid ou Anaïtis (4) était le nom arménien de la divinité qui, chez les Grecs, s'appelait Artémise, et Diane chez les Latins. Elle correspondait à la Mylitta où l'Astarté des Chaldéens, et était fille d'Aramazd ou Jupiter. Les Arméniens lui avaient élevé une statue d'or (5), et lui donnaient, pour cette raison, les noms de *Osghia maïr*, mère de l'or ; *Osghiazin*, qui ap-porte l'or ; *Orghiahad*, dispensatrice de l'or. Si son nom ne lui venait pas de son temple d'Eriza, voisin des mines d'or de la province de S'ber, ne pourrait-on pas supposer, que le mythe de cette déesse avait pris aussi son origine en Egypte, car nous savons qu'il existait dans le panthéon égyp-tien une déesse d'or, ⲛⲟⲩⲃ, *Noub*, à laquelle les Arméniens pourraient bien avoir emprunté le mythe de leur Anahid (6). Anahid avait des temples en grand nombre dans l'Arménie (7), dans la province appelée Ek'hletsith par les Géorgiens. Les anciens, qui assimilaient à leurs divinités tous les dieux étrangers, traduisaient le nom d'Anahid, tantôt par Vénus, tantôt

---

(1) Birsch, *Gallery of antiquites*, p. 38.
(2) *Narayâna.*
(3) Moyse de Khorèn, liv. II, ch. 14
(4) Strabon, liv. XI.
(5) Pline, l. V, ch. 24.

(6) *Mém. de la soc. des antiq. de France. La déesse Noub*, par Th. Deveria.

(7) Strabon, liv. XI. —Moyse de Khorèn, II, 13, 57 ; cf. Saint-Martin, t. I, p. 71. — Pline, l. V, ch. 24.

par Diana. Agathange, secrétaire de Tiridate (1), raconte que ce roi voulut contraindre saint Grégoire à adorer, dans son temple, la déesse Anahid, disant que « la grande déesse est la gloire et le sanctuaire de la nation, et « que les rois, et principalement celui des Grecs, l'honoraient d'un culte « particulier. » Ce témoignage détruit le récit de Pline, qui affirme que la statue d'Anahid fut renversée, lors de l'expédition d'Antoine contre les Parthes. Au surplus, Agathange nous apprend encore qu'après la conversion du roi Tiridate au christianisme, on fit, avec la statue d'Anahid, des vases saints et d'autre vaisselle d'or pour l'église. Le nom d'Anahid se retrouve jusque dans l'Inde, et particulièrement sur les médailles du roi bactrien Kanerkès, publiées par Ott. Müller (2), et où on lit cette légende : PAO NANO PAO OOHPKI KOPANO. Sur l'une de ces pièces, qui représente au ℞, deux figures en pied séparées par l'instrument, dit à quatre pointes (3), l'une des figures est à quatre bras et accompagnée de la légende OKPO, épithète du Soleil ; l'autre, qui est celle d'une femme, est indiquée par la légende NANA. Or, cette divinité femelle NANO, assise en regard du dieu Soleil, qualifiée par la légende OKPO, est la même déesse qui figure avec le nom de NANAIA, sur d'autres médailles en bronze de Kanerkès. Cette déesse, NANA ou NANAIA, que l'on voit tantôt seule, tantôt opposée au dieu Soleil, ne saurait être, ainsi que l'ont reconnu Prinsep (4) et Ott. Müller (5), que l'Anahid des Arméniens et des Perses, dont le culte fut propagé par Artaxerxès-Mnémon, dans toute l'étendue de son vaste empire et jusque dans la Bactriane : Ἀρταξέρξου..., ὃς πρῶτος τῆς Ἀφροδίτης Ἀναίτιδος τὸ ἄγαλμα ἀναστήσας ἐν Βαβυλῶνι, καὶ Σούσοις καὶ Ἐκβατήνοις, Πέρσαις καὶ Βάκτροις καὶ Δαμασκῷ καὶ Σάρδεσιν ὑπέδειξε σέβειν (6). Strabon (7) dit que le sanctuaire principal de cette déesse était dans l'Elymaïde, où elle portait le nom de Nanœa, selon l'auteur du deuxième livre des Macchabées (8) : Κατεκόπησαν

(1) *Hist. de Tirid.*, ch. 16.

(2) *Gotting. gel. Anzeig.*, p. 1778-9.

(3) R. Rochette, *Méd. de la Bactr.*, 2ᵉ sup., p. 57.

(4) *Journal de la soc. asiat. de Calcutta*, pl. XXV, n° 7, p. 449-452.

(5) *Gotting. g. Anz.*, p. 1777-8.

(6) Bérose, *Ap. s. Clem. Alex.*, *Coh. ad Gent.*, p. 43 ; *Sylburg*, cf. *frag.*, p. 69-70. Ed. Richter.

(7) Liv. XI, XII, XV. — Plut., *in Artax.*, § 17.

(8) I, 13, 14.

ἐν τῷ τῆς Ναναίας ἱερῷ, κ. τ. λ. Cette Anahid d'Arménie, cette Nanœa de Perse et de Bactriane, nommée aussi Nani ou Nana dans l'Inde, était une personnification de l'Aphrodite des Grecs, une forme de la Lakchmi ou de la Parbati indienne, conséquemment, une des principales divinités d'un culte commun à trois grandes nations de l'Asie antique, et qui avait probablement eu, dans la Bactriane, son siége primitif, et peut-être son institution originaire (1). Il est donc tout naturel d'admettre que les Mèdes et les Arméniens, qui ont adopté tous les cultes religieux reçus chez les Perses, leur ont emprunté celui d'Anahid. Polybe (2) prétend qu'à Ecbatane, il y avait un temple d'Æné, dont les colonnes étaient revêtues d'or. Strabon (3), qui parle du culte de cette déesse, dit qu'elle est d'origine persique; seulement, elle devint commune aux Perses, comme elle l'était de toute antiquité aux Lydiens (4), aux Mèdes et aux Arméniens.

Une autre divinité recevait aussi, en Arménie, un culte spécial; c'était la déesse *Astlice* ou *Astghig*, qui avait un temple au lieu dit Vahévajan, dans le canton de Daron. On lui offrait des roses et on lui sacrifiait des colombes dans le mois de navasart. Cette fête, qui a passé dans le christianisme le jour de la Transfiguration, est celle que les orientaux appellent la fête des Colombes, parce qu'elle a lieu le jour où les Arméniens consacrent des colombes.

Le panthéon arménien comprenait beaucoup de divinités empruntées, soit aux religions de l'Asie, soit au paganisme de l'Occident, et dont les cultes étaient reliés entre eux par une sorte d'assimilation, dont on retrouve les éléments primitifs en comparant la symbolique des différents peuples. Ainsi, nous savons que *Jupiter Olympien* et *Apollon* étaient adorés en Arménie, où ils avaient des temples et des statues (5). Venaient ensuite des dieux indiens, comme *Témèdre* et *Gisané*, dont le culte fut implanté de bonne heure en Arménie, sans qu'on puisse au juste en préciser l'époque, puisque saint Grégoire l'Illuminateur ne put recueillir, des prê-

---

(1) R. Rochette, *Méd. de la Bactr.*, p. 59 de la 2ᵉ partie, *à la fin.*

(2) Liv. X, ch. 4, § 27, nº 12.

(3) Liv. XI, ch. 19, § 19.

(4) Pausanias, *Lacon.*, liv. III, ch. 16.

(5) Moyse de Khorèn, liv. II, 11, 12, 49.

tres attachés à leur culte, aucun renseignement sur leur origine. Un autre dieu de provenance assyrienne, *Tarata*, était adoré dans la Mésopotamie, et Moyse nous apprend qu'Abgar transporta sa statue à Edesse, quand il quitta Medzpin (1). On ignore ce que pouvait être le dieu *Barris*, dont le temple, au dire de Strabon (2), se trouvait sur la route qui menait de l'A-bus, montagne dépendant du Taurus, à Ecbatane. D'autres dieux, qu'on doit plutôt considérer comme des héros, recevaient encore un culte spécial en Arménie, et étaient honorés seulement par les habitants de ce pays; ce sont, outre Vahak'n, *Naboc*, *Patnicagh* (3), *Sbantarad*, *Name* et *Parscham*; ce dernier était un guerrier qu'Aram avait vaincu et tué. Sa statue, faite d'i-voire, de cristal et d'argent, fut apportée de la Mésopotamie par Dikran II, qui la fit ériger dans le village de Tortan (4).

Moyse de Khorèn, en racontant la guerre que fit Sémiramis à Ara, roi d'Arménie, guerre dans laquelle ce prince perdit la vie, nous dit que la reine d'Assyrie, qui était éprise d'amour pour Ara, fit entendre ces paro-les : « J'ai commandé à mes dieux de lécher les plaies d'Ara, et il sera rap-pelé à la vie. » Elle espérait en même temps, par la puissance de ses en-chantements magiques, le ressusciter. Cependant, la putréfaction ayant gagné le cadavre, elle le fit jeter dans une fosse profonde, loin de la vue de tous. Puis, prenant auprès d'elle un de ses amants qu'elle avait fait travestir en secret, elle répand cette nouvelle : « Les dieux ont léché les plaies d'Ara et lui ont rendu l'existence. » Cette narration de Moyse de Khorèn est un écho des ballades qui, sous une forme populaire, racon-taient la lutte de Sémiramis et d'Ara. Mais on y découvre un témoignage bien autrement important, c'est celui de la connexion qui rattachait le sys-tème religieux de l'Arménie à celui des Assyriens , et au culte des *Aralês*, ᴊᴀʀᴀʟᴋᴇᴘ. Les Aralês ou Arlês, dont la signification est « léchant conti-nuellement (5), » paraissent avoir désigné une classe d'êtres surnaturels ou de divinités nées d'un chien (6), et dont les fonctions étaient de lécher

---

(1) Moyse de Khorèn, liv. II, ch. 26 .
(2) Liv. XI, ch. 19, § 7.
(3) Moyse de Khorèn, II, 27.

(4) Moyse de Khorèn, liv. II, ch. 14.
(5) *Nouv. Dict. arm.*, t. II, p. 341.
(6) Esznig, *Réfut. des sectes*, p. 98-100.

les blessures des guerriers tombés sur le champ de bataille, et de les faire revenir à la vie. Un curieux passage de Faustus de Byzance (1), rapporté par M. Emin (2), jette de nouvelles lumières sur ce mythe et corrobore les inductions que l'on tire du récit de Moyse de Khorên. Le fait se passe au quatrième siècle de notre ère, à l'époque où le christianisme était déjà devenu la religion dominante du pays ; toutefois, le culte des Aralês subsistait encore. Il s'agit de l'assassinat du général en chef des Arméniens, Mouschegh le Mamigonien. Lorsque l'on eut rapporté le corps du général Mouschegh dans sa maison, chez ses parents, ceux-ci ne croyaient pas à sa mort, quoiqu'ils lui vissent la tête séparée du tronc. Ils disaient : Mouschegh a affronté bien des fois les hasards de la guerre, et jamais il n'a reçu de blessures, jamais flèche ne l'a atteint, ni arme ennemie ne l'a percé. » Quelques-uns d'entre eux espéraient le ressusciter et transportèrent son cadavre sans tête sur la plate-forme d'une tour ; ils disaient : « C'est un brave, et les Arlês descendront et lui rendront la vie (3).

Le *cyprès*, en arménien *sôs*, était un arbre sacré ; sous son ombrage on offrait des sacrifices. Moyse de Khôren raconte qu'Anouschavan sacrifiait sous les cyprès de l'antique Armavir, sa capitale, et que le frémissement des feuilles, agitées par un vent léger ou impétueux, servait aux prêtres à tirer des pronostics heureux ou défavorables. Les Arméniens consacraient souvent leurs enfants sous les cyprès sacrés. Moyse nous apprend encore qu'Anouschavan, fils d'Ara, fut appelé *Sôs*, parce qu'il était voué aux fonctions sacrées, dans les forêts de cyprès d'Armavir (4).

Il est bien regrettable que les plus anciens monuments de la littérature arménienne ne soient point parvenus jusqu'à nous, car nous aurions sans doute trouvé, dans ces sources primitives, de nombreux renseignements sur la symbolique arménienne, renseignements qui nous font totalement défaut. On sait qu'Oughioub, prêtre d'Ani, écrivit, vers la fin du premier

---

(1) *Hist. d'Armén.*, liv. V, ch. 14, 15.
(2) *Chants de l'Arménie.*
(3) Cf. *Journal asiat.*, 1852, p. 29-32. —

Dulaurier, *Études sur les chants de l'Arménie.*
(4) Moyse de Khorên, I, 20.

siècle, l'histoire des temples consacrés aux dieux adorés dans la province de Sinope, lieu où se soutenait le paganisme chez les Arméniens (1). Cette histoire a été perdue avec toutes celles qui furent rédigées avant le cinquième siècle de notre ère; il n'en reste plus rien que le souvenir.

Quand saint Grégoire l'Illuminateur résolut d'implanter la religion du Christ en Arménie, il eut à livrer de grandes luttes avec les populations de ce royaume, et particulièrement avec les habitants de la province de Daron. Les cultes nationaux qui étaient empruntés au paganisme de l'Asie, de l'Inde et de la Grèce, s'étaient introduits en Arménie, conjointement avec ceux de la Perse. Il triompha des résistances opiniâtres qu'il rencontra, et, au quatrième siècle, grâce à ses efforts persévérants, la religion chrétienne avait remplacé le paganisme qui s'était écroulé de toutes parts, sauf dans la province de Koghtên, où se conservaient avec soin les antiques mystères des cultes primitifs.

Moyse de Khôren, en parlant de saint Mesrob, qui était allé résider dans le district de Koghtên, rapporte que les païens qui s'étaient tenus cachés dans ce pays, pendant le règne de Tiridate jusqu'à l'époque du séjour de Mesrob, se montrèrent à découvert, lors du déclin de l'empire des Arsacides, et que Mesrob détruisit leurs croyances avec l'aide de Schapitt, chef de leur district (2). Etienne Orbelian raconte également la destruction du paganisme dans le pays de Koghtên par Mesrob, mais en mêlant à son récit des faits légendaires (3).

La première conversion eut lieu, selon les historiens arméniens, sous Abgar Uchama, roi d'Édesse, de la deuxième branche de la dynastie arsacide d'Arménie, par les soins de l'apôtre Thaddée; tandis que celle qui eut pour résultat la complète conversion des Arméniens, n'eut lieu que sous Dertad (Tiridate), qui, après avoir persécuté les chrétiens, se convertit, avec son peuple, à la foi nouvelle, à la prière de saint Grégoire l'Illuminateur. Cependant, Tiridate, une fois converti, eut à lutter contre les habitants de Daron, dont le pays était sacré à cause de la multitude de temples

_____

(1) Moyse de Khorên, II, 48.
(2) Moyse de Khorên, III, 47-50.

(3) *Hist. de la province de Sissayan*, ch. 14.

qui s'y trouvaient. Les prêtres idolâtres s'y défendirent avec opiniâtreté, et ce ne fut que l'épée à la main, qu'on put les en chasser, et y fonder des églises (1).

Nous venons de voir comment le christianisme se répandit en Arménie, et comment aussi il s'implanta de vive force, sur les anciens cultes, presque sans transition et par les efforts persévérants des apôtres et de saint Grégoire l'Illuminateur.

Quoique ce fait soit bien établi, nous voyons cependant que les premiers écrivains chrétiens de l'Arménie ont rattaché aux annales nationales des traditions bibliques qui sont erronées en ce qui touche les temps primitifs de l'histoire d'Arménie. Ainsi, les premiers chapitres du livre de Moyse de Khorên, qui ont servi de prototype aux historiens des siècles suivants, contiennent certainement d'ingénieux rapprochements avec les Livres saints, mais la logique nous démontre aujourd'hui clairement que les Arméniens, n'avaient aucun rapport avec le peuple juif avant les temps qui précédèrent la venue du Christ.

Comment admettre alors les généalogies bibliques relatives à l'Arménie, que Moyse a établies dans son histoire, quand on sait que la version arménienne de la Bible ne date que du cinquième siècle de notre ère, et qu'avant cette époque, les Livres saints n'avaient point encore dépassé les limites de la Judée, ni reçu cette vulgarisation que leur imprimèrent plus tard les progrès du christianisme? Il est vrai que la légende de l'arche de Noé, qui cache, sous une forme allégorique, le salut d'une portion notable de l'humanité après le déluge arménien, semble rattacher au mont Massis ou Ararat, une idée religieuse d'une haute antiquité; mais personne n'ignore que ce grand cataclysme n'est pas seulement spécial aux traditions bibliques, puisqu'on en trouve la trace, aussi bien dans les plus anciens livres de la Chine, de l'Inde, de la Perse, que dans la cosmogonie des Grecs. Comment pourrait-on admettre alors que les Arméniens, que nous savons avoir été, depuis la plus haute antiquité, soumis à l'influence des religions de l'Orient et particulièrement du sabéisme, qui sont si complétement

(2) Agathange, *Hist. de s. Grég.*—Zénob de *Glag, Hist. de Daron.*—Moyse de Kh., *passim.*

différents du monothéisme biblique, auraient pu rattacher à leur histoire des noms de générations et d'hommes que leur auraient fournis les Livres saints? Comment aussi faire concorder les successions des ancêtres des premiers Haïciens avec celles de la Bible, sans tomber dans des erreurs grossières, comme celles que Moyse a popularisées en Arménie et qui sont encore aujourd'hui, chez ce peuple, la seule doctrine historique qui ait prévalu? Ceci posé, il ne faut voir, dans la descendance biblique de Haïg, qu'un mythe ingénieux, mais légendaire, qui tombe devant la saine critique, pour faire place à une idée plus philosophique, celle de la grande migration des peuples, à l'époque où l'Asie, trop peuplée vers son centre, vit l'humanité se diviser en tribus, pour ensuite se porter de tous les côtés, afin de chercher des établissements nouveaux, où devait s'effectuer le développement de chacune d'elles. C'est cet événement mémorable de la dispersion des hommes et de la formation des langages, questions encore enveloppées de ténébreux mystères, dont la Bible nous a conservé un vague souvenir dans la légende de l'érection de la tour de Babel.

Nul doute aujourd'hui que les Arméniens ne sont point issus des patriarches juifs, comme le prétend Moyse; nul doute que leur histoire ne soit celle qui, pour les temps héroïques, est commune à tous les peuples; nul doute aussi que les traditions bibliques, rassemblées avec habileté par Moyse, propagées par ses successeurs, n'ont rien de commun avec l'histoire ancienne de l'Arménie. L'histoire et les mythes des anciens Arméniens ont leur source ailleurs que dans la Bible, ils sont par fragments épars dans les chants populaires, dont quelques passages nous sont parvenus dans le récit de Mar Apas Catina conservé par Moyse, et c'est là seulement, à défaut d'autres sources, qu'on doit chercher la vérité.

§ III. ÉCRITURE.

Avant l'introduction des écritures et des langues grecque, syriaque et pehlvi, les Arméniens se servaient, comme les anciens peuples de l'Asie, des signes cunéiformes, qu'ils avaient adaptés à leur langage. Ainsi, on sait aujourd'hui que les Arméniens avaient une écriture qu'on est convenu d'appeler « écriture arménienne archaïque, » dont on ne connaît pas de spécimen, et une autre écriture, dont on a retrouvé les signes conservés sur les rochers de Van (1). Ce système d'écriture cunéiforme, inventé en premier lieu chez un peuple, fut accepté bientôt par d'autres ; seulement on ne sait pas au juste les circonstances qui amenèrent ces transmissions, ni les époques auxquelles elles s'effectuèrent. Le fait existe seulement : quatre peuples, les Scythes, les Susiens, les Arméniens et les Assyro-Chaldéens, se servirent de la même écriture, bien que leurs idiomes fussent différents les uns des autres (2).

Les relations politiques des Arméniens, d'abord avec les peuples de l'A-sie, et plus tard avec les Grecs et les Romains, avaient répandu en Armé-nie l'usage des caractères pehlvi, syriaques et grecs, bien longtemps avant l'ère chrétienne, et on peut croire, avec assez de vraisemblance, qu'à l'i-mitation des Syriens, des Égyptiens et des autres orientaux, plusieurs écrivains arméniens se servirent de ces différentes langues dans leurs ou-vrages. Ainsi, nous savons que le roi Ardavazt, fils de Tigrane le Grand, avait composé des tragédies et des livres historiques en grec (3). Toutes les médailles des anciens rois de l'Arménie que nous possédons ont des légendes grecques, et il paraît qu'on suivit le même usage pour les inscrip-tions que l'on mettait sur les monuments publics (4). De même aussi, nous savons que le syriaque fut adopté par les Arméniens, bien longtemps avant l'introduction du christianisme, et peu à peu cette langue acquit de grands développements, par suite des migrations syriennes en Armé-nie, où des prêtres de cette nation venaient prêcher la doctrine évangéli-que, y fonder de nombreux monastères et y ériger des siéges épisco-paux (5). En effet, dans toute la partie sud-ouest de l'Arménie, située entre

---

(1) *Inscr. cunéif. de Van*, recueillies par le docteur Schultz et publiées dans le *Journal asiatique*, 1840. — Cf. Moyse de Khorèn, I, 16.

(2) *Athenæum fr.*, 1854, p. 991. Oppert. *Remarques sur les différentes espèces d'écri-tures cunéiformes*.

(3) Plut., *in Crass.* — Appien, *Parth.*, t. 1, p. 264. — Suidas.

(4) Moyse de Khorèn, II, 65.

(5) Zénob de Glag, *Histoire de Daron*, p. 47.

le Tigre et l'Euphrate, Hamid et Miaférékin, la Sophène principalement, dépendaient du patriarche syrien d'Antioche (1), et les prêtres ne se servaient, dans l'office divin, que des livres syriaques. On sait aussi qu'avant la traduction de la Bible en arménien, le clergé ne faisait usage que des bibles syriaques (2).

Le phénicien fut aussi en usage dans quelques contrées de l'Arménie, et les légendes des médailles du satrape Tiribaze, qui gouvernait l'Arménie occidentale, en sont une preuve (3).

Au cinquième siècle de notre ère, un moine arménien, Mesrob, résolut d'inventer un alphabet approprié à la langue de sa nation (4) et qui était destiné à remplacer les caractères pehlvi, syriaques et grecs (5).

On peut lire dans Moyse de Khorên, dans Vartan et dans Assoghigh (6), l'histoire de cette découverte, que les auteurs arméniens regardent comme miraculeuse, puisque, selon eux, Dieu lui-même aurait révélé à Mesrob les caractères tracés de sa main sur le mont Palou, comme il l'avait fait jadis pour le législateur Moïse sur le mont Sinaï (7).

Ce témoignage de l'invention de l'écriture par Mesrob, rapporté par beaucoup d'historiens arméniens, détruit l'assertion d'Apollonius de Tyane (8), qui raconte que les Arméniens avaient déjà un alphabet bien avant le cinquième siècle : « Et captam aliquando pantheram in Pamphylia, cum torque, quem circa collum gestabat. Aureus autem erat ille, armeniisque inscriptus litteris, hoc sensu : rex Arsacès deo Nysæo. Regnabat nempe temporibus illis in Armenia Arsacès. »

On ne doit donc pas s'étonner de voir que toutes les médailles des rois arméniens de la première et de la deuxième dynasties ne portent point, comme celles des Goriguéens et des Roupéniens, des caractères mesrobiens, mais seulement des légendes grecques. En effet, toutes ces

(1) Lequien, *Or. chr.*, II, 990-1007.

(2) Gorioun, **Hist. de la découverte de** *l'alph. arm.*, dans Lazare de Pharbe, p. 25-26.

(3) De Luynes, **Num. des satrapies**, p. 1 et suiv.

(4) Moyse de Khorên, III, 47, 53.

(5) Agathange, *Hist. de la conv. de Tirid. et de la préd. de s. Grég.*, p. 374-75. — Laz. de Pharbe, *Hist.*, p. 25.

(6) **Hist. univ.**, 2ᵉ part, ch. 1ᵉʳ.

(7) Vartan, *Hist. univ., ms.*

(8) Liv. II, ch. 2.

médailles furent frappées antérieurement à l'invention des caractères arméniens par Mesrob. Il est donc tout naturel de penser aussi que, non-seulement l'emploi des caractères grecs, mais encore l'usage de cette langue, étaient fort répandus en Arménie avant l'ère chrétienne, puisque les légendes des médailles sont toutes rédigées en grec, et que nous ne trouvons aucun mot de la langue arménienne, même écrit en caractères grecs, sur les monuments numismatiques qui nous sont parvenus. Ce fait corrobore l'opinion des anciens qui disent que les Arméniens se servaient de la langue grecque concurremment avec la leur, et que beaucoup des écrivains de cette nation employaient cette langue, de préférence à leur idiome, dans leurs ouvrages (1).

§ IV. NUMISMATIQUE.

La numismatique de l'Arménie, dans les temps antiques, peut se diviser en deux grandes catégories : d'abord, la série des monnaies frappées par les satrapes achœménides, gouverneurs de l'Arménie, et par les rois des dynasties collatérales qui régnèrent sur quelques provinces de ce royaume, après le démembrement de l'empire d'Alexandre ; ensuite la série des pièces frappées par les Arsacides d'Arménie et par les princes issus de cette famille, qui gouvernèrent, avec la plénitude du pouvoir souverain, certaines provinces de l'Arménie et de l'Osrhoène , jusqu'au moment où l'empire romain, croulant de toutes parts, se vit arracher les provinces d'Orient par les rois sassanides, dynastie nouvelle, entée sur celle des Parthes, et qui devait, pendant plusieurs siècles, continuer l'empire des Perses.

Les monnaies qui appartiennent à la première série datent des derniers temps de la dynastie de Haïg ; ce sont des pièces frappées par les satrapes achœménides de l'Arménie et par les dynastes collatéraux de la race haïcienne, qui, n'ayant aucun rapport avec celle-ci, si ce n'est toute-

(1) Diod. Sic., t. II, l. XIX. — Polyen, l. XIV, ch. 8, § 3.

c

fois une commune origine, fondèrent des Etats particuliers dont l'existence fut de courte durée. Ces dynastes arméniens, qui étaient fort nombreux, au dire de Pline, au temps dont nous parlons, n'avaient pas tous la même puissance, et il est probable même que très-peu d'entre eux jouissaient d'une indépendance absolue et s'étaient arrogé le droit de battre monnaie. Parmi ceux qui semblent avoir conquis la plénitude du pouvoir royal, il faut citer les dynastes d'Arsamosate, de Samosate et de la Petite-Arménie, dont les médailles, qui sont arrivées jusqu'à nous, corroborent de leur témoignage les récits tronqués des écrivains de l'antiquité.

Les monnaies qui rentrent dans la deuxième série sont plus nombreuses. Ici, le rôle de la numismatique devient important, et le domaine de l'histoire s'arrondit sur un horizon plus vaste. Conformément aux données qui nous sont fournies par l'histoire des Arsacides d'Arménie, que nous trouvons longuement racontées dans les écrivains arméniens, grecs et romains, les médailles viennent corroborer les faits historiques. Ce ne sont plus quelques rares monnaies comme celles de la série précédente, ce sont de nombreux et intéressants monuments émanés, tantôt des ateliers arméniens, et tantôt des officines de l'empire romain. La numismatique des Arsacides arméniens comprend les monnaies de Tigrane le Grand et de ses successeurs, Artavazt, Alexandre, Tigrane II, Tigrane III et Erato, Vononès le Parthe, et Artaxias. Puis, apparaissent les nombreuses monnaies frappées par les toparques arméniens de l'Osrhoène, dont la série fournit à l'histoire d'Edesse des éclaircissements qu'on ne trouve point dans Denys de Thelmar et dans la chronique anonyme d'Edesse.

On aurait pu supposer que les princes de la Commagène, indépendants dans leur royaume, et qui, sur les médailles, portent tous la tiare arméniaque, qui est le signe distinctif de la nationalité arménienne, devaient faire partie de la série des rois d'Arménie ; il n'en est rien, et s'ils firent l'emprunt de cette coiffure, c'était, comme on le verra plus loin, par une raison purement politique, car ils n'étaient point issus des rois d'Arménie, mais des Séleucides de Syrie.

Cette digression nous amène tout naturellement à parler de la tiare qui figure constamment sur la tête des souverains arméniens. Cette coiffure

est le signe caractéristique de leur nationalité ou de leur origine. On sait
que la tiare fut très-usitée chez les orientaux : « Tiara est genus pileoli
quo Persarum Chaldæorumque gens utitur (1). » Celles dont se servaient
les particuliers étaient rondes ou recourbées par-devant et semblables,
pour la forme, au bonnet phrygien et à la coiffure actuelle des Kurdes. Il
n'était permis qu'aux souverains de porter la tiare droite et élevée (2).
L'histoire nous apprend que les rois de Perse étaient si jaloux de ce droit,
qu'ils auraient puni de mort ceux de leurs sujets qui auraient osé se l'attribuer ; et l'on en faisait tant de cas, que le Lacédémonien Demarate, après avoir
donné un conseil utile à Xerxès, demanda pour toute récompense de
pouvoir faire une entrée publique dans la ville de Sardes, avec la tiare droite
sur la tête (3).

La tiare des orientaux est citée souvent par les écrivains grecs, latins
et arméniens. Anacréon dit, dans l'une de ses odes, qu'on reconnaît les
Parthes à leur tiare :

Καὶ Παρθαίους τις ἄνδρας
Ἐγνώρις ᾿ἂν τιάραις.

Strabon atteste l'usage que les Arméniens avaient de se couvrir la tête,
à l'exemple des Mèdes et des Perses, d'un bonnet particulier que les Grecs
et les Latins ont désigné par les noms de κίδαρις, τιάρα, tiara (4). Ovide
nous apprend que la tiare était couleur de pourpre (5) :

Temporis purpureis tentant velare tiaris.

On se rappelle que Plutarque raconte que Tigrane, vaincu par Pompée,
déposa aux pieds du général romain sa tiare (κίδαρις), en signe de soumission (6).

(1) S. Gérôme, in Daniele, c. 3, v. 31.

(2) Aristophane, les Perses ; et son scho-
liaste. — Josèphe, liv. XX, ch. 2. — Dion
Prusæus, de Parth.

(3) Suidas, vᵒ Τιάρχ. — Sénèque, de benef.,
liv. VI, ch. 13.

(4) Strabon, liv. XI.

(5) Métamorph., liv. XI, v. 181.

(6) Plutarque, V. de Pomp.

Les historiens arméniens donnent à la tiare le nom générique de couronne, ⴹⴰⴳ, et nous savons que l'une des charges principales de la cour d'Arménie était celle du *thakatir*, personnage chargé de placer la couronne sur la tête du roi (1).

La tiare est le type invariable et spécial, qui sert à distinguer les rois d'Arménie des autres souverains de l'Orient, surtout à l'époque où les Etats de l'Asie, ayant été bouleversés par Alexandre et ses lieutenants, passèrent aux mains de maîtres si différents d'origine et de nationalité, et que l'histoire même a de la peine à distinguer.

La tiare qui couvre la tête des rois, est donc l'indice principal qui sert à reconnaître les monnaies des princes arméniens à toutes les époques, de celles des autres souverains de l'Asie.

Bien que cette coiffure n'ait pas toujours le même aspect sur les monuments numismatiques qui nous sont parvenus, nous devons dire cependant que la tiare arménienne se distingue toujours par une forme *sui generis*, qui n'est pas celle des coiffures usitées par les Parthes et les princes leurs voisins.

Les tiares que nous voyons figurer sur la tête des rois de Samosate, d'Arsamosate et de la Petite-Arménie, à l'époque de l'établissement des dynasties collatérales, qui se séparèrent de la branche haïcienne soumise aux Achœménides et aux satrapes perses, diffèrent bien, en effet, de celles qui ornent les têtes de Tigrane le Grand, de la deuxième dynastie arsacide et de ses successeurs, mais on ne peut s'empêcher cependant d'y reconnaître la coiffure spéciale aux rois d'Arménie, qui fut modifiée par la suite à l'époque des Arsacides, pour se conserver intacte depuis lors, sous les princes successeurs de Tigrane, qui régnèrent, soit à Medzpin, soit à Edesse. La tiare des rois de l'Osrhoène offre, en effet, une grande analogie avec celle de Tigrane le Grand, et on sait qu'Abgar et ses successeurs étaient, pour la plupart, issus de ce prince.

(1) Moyse de Khorèn, l. II, ch. 7.

NUMISMATIQUE

DE L'ARMÉNIE

DANS L'ANTIQUITÉ.

PREMIÈRE DYNASTIE.

I. — HAICIENS.

(2350 à 550 avant J.-C.)

Les traditions qui nous sont parvenues des temps où régna la première dynastie, issue de Haïg, ne sont que des légendes imaginées après coup, où l'on ne rencontre rien d'authentique et de réel. Tout ce qu'il est permis d'en induire avec certitude, c'est que les princes arméniens furent, à l'égard des monarques assyriens, dans un rapport de dépendance et de vassalité, jusqu'à Barouïr, le compagnon d'armes d'Arbace et son allié contre Sardanapale, et qui, en retour de l'assistance qu'il prêta au fondateur de la dynastie des Mèdes, reçut de lui le titre de roi, et devint maître souverain de l'Arménie (1).

Le plus illustre successeur de Barouïr fut Tigrane Iᵉʳ ou Dikran, fils d'Erovant Iᵉʳ. Ce prince rétablit l'Arménie dans son ancienne puissance, recula au loin les limites de ses États, et fit connaître, pour la première fois, le nom des Arméniens aux nations étrangères. Quand il eut considérablement établi ses forces, il donna des secours à Cyrus, pour faire la guerre à Ajtahag, roi des Mèdes, l'Astyages des Grecs. Xénophon parle

(1) Moyse de Khorèn, *Histoire d'Arménie*, liv. 1, ch. 21. — Jean Catholicos, *Hist. d'Arm.*, ch. 8.

1

avec détails, dans sa Cyropédie (1), des services que Tigrane rendit dans cette occasion à Cyrus ; leurs forces réunies obtinrent enfin la victoire, et Ajtahag périt dans un combat, de la main même de Tigrane. Ce récit, que nous empruntons à Moyse de Khoren (2), n'est point d'accord avec ceux de Xénophon (3), d'Hérodote (4), de Ctésias et de Justin (5), qui s'accordent à dire qu'Ajtahag survécut à la perte de son empire.

Tigrane eut pour successeur son fils Vahak'n, qui se distingua tellement par sa vaillance et ses exploits, qu'il fut mis, par la suite, au rang des dieux du Panthéon arménien, et considéré comme l'Hercule national. Les anciens bardes de l'Arménie le prenaient pour sujet ordinaire de leurs chants (6).

Cependant l'indépendance de l'Arménie ne fut pas de longue durée, car nous voyons déjà, sous les premiers Achœménides, ce royaume soumis aux souverains de la Perse. Les successeurs de Vahak'n continuèrent à administrer leurs états sous la suzeraineté des Grands Rois, et le dernier d'entre eux, Vahé, fils de Van, périt en combattant contre l'un des lieutenants d'Alexandre (7). Avec ce prince finit la dynastie de Haïg, dont les successeurs avaient gouverné l'Arménie, tantôt avec la plénitude de la puissance royale, tantôt comme vassaux des rois d'Assyrie et de Perse, pendant l'espace de vingt siècles environ.

Nous ignorons complétement si les monarques de la dynastie issue de Haïg battirent monnaie à l'exemple des autres souverains de l'Asie, et nous ne pouvons former, à cet égard, que des conjectures, car, jusqu'à présent, rien ne nous prouve que les rois de la première race arménienne aient usé de cette prérogative. Cependant nous savons que les grands vassaux de l'empire Achœménide, qu'ils fussent rois ou satrapes, avaient

(1) Liv. II. ch. 4, et liv. III, ch. 1 à 3.
(2) Liv. I, ch. 29.
(3) *Cyrop.*, liv. I, ch. 5.
(4) *Hist.*, liv. I, § 130.
(5) Liv. I, ch. 6.

(6) Moyse de Khorèn, liv. I, ch. 31. — Jean Cathol., ch. 8.
(7) Moyse de Khorèn, liv. I, ch. 31. — Jean Cathol., ch. 8.

dans leurs attributions le droit de frapper des monnaies, à leur effigie et un assez grand nombre de monuments sont là pour attester ce fait (1). Il est donc permis de supposer que les derniers rois arméniens de la première dynastie usèrent de cette prérogative souveraine, puisque nous savons, par le témoignage de plusieurs écrivains de l'antiquité, qu'à l'époque de Tigrane Ier, l'Arménie était florissante et avait imposé le tribut à plusieurs nations (2).

On sait que l'Arménie était fertile en mines d'or (3) et d'argent (4), et Strabon nous apprend qu'il y avait dans la Grande-Arménie, une province qu'il nomme Ὑσπιράτις ou Συσπιράτις dont le nom et la position semblent correspondre au canton arménien de S'ber, vulgairement Isber, lequel était situé à peu de distance au N.-E. d'Erzeroum. C'est peut-être aussi le même district qui est appelé *Séphar*, dans la Genèse, et dont il est question au chapitre de la généalogie des enfants de Noé (5) : « Et facta est habitatio eorum de Messa pergentibus usque Sephar montem orientalem. » On sait qu'Alexandre avait chargé un de ses généraux, nommé Memnon, de s'emparer des mines d'or de Cambala, dans l'Hyspiratis ; mais celui-ci s'étant fait battre par les habitants de la contrée, périt avec les troupes qui l'avaient accompagné (6).

La seule mention de monnaies frappées par les rois arméniens de la première dynastie se trouve dans l'historien Vartan (7), qui raconte, à propos de l'ancienne écriture arménienne, que « l'on fit la découverte, en Ci-« licie, à l'époque du roi Léon, d'un tram sur lequel était empreint, en « lettres arméniennes, le nom de rois idolâtres de la race d'Haïg. » On comprend combien ce témoignage de l'historien arménien Vartan, qui vivait au treizième siècle de notre ère, est de peu de valeur, puisqu'on sait que les caractères arméniens ne furent inventés et mis en usage par Mesrob qu'à partir du quatrième siècle. En outre, il est bien probable que la

---

(1) Le duc de Luynes, *Numismatique des satrapies sous les rois Achæménides*.
(2) Moyse de Khorèn, liv. I, ch. 24. — Jean Cathol., ch. 8.
(3) Strabon, liv. XI.
(4) Pline, liv. XXXIII, ch. 22.
(5) Gen., ch. 10, vers. 30.
(6) Strabon, liv. XI, ch. 19.
(7) *Histoire universelle*, ms.

monnaie qui fut découverte en Cilicie, au temps du roi Léon II, était une pièce de l'époque des satrapes Achœménides, dont les légendes sont tracées en caractères phéniciens , et que Vartan aura pris, à cause de leur mauvais état de conservation, pour des lettres arméniennes. Une erreur du même genre a été commise, dans ces derniers temps, par le père Indjidji (1), qui assure avoir vu dans la collection de lord Ainsley, à Constantinople, beaucoup de monnaies représentant d'un côté une tête de roi coiffé à la manière orientale, et de l'autre côté un autel placé entre deux personnages. Il dit avoir reconnu, dans les légendes, les plus anciens caractères usités chez sa nation avant l'alphabet de Mesrob. Cette opinion n'est pas admissible, car les médailles en question sont des monnaies sassanides ou des imitations de ces pièces, et en outre on sait, par le témoigage de Moyse de Khorên et de Lazare de Pharbe, qu'avant l'invention de l'écriture nationale, les Arméniens employaient indistinctement les caractères assyriens, persans ou grecs.

Quoiqu'il soit bien établi qu'aucune monnaie des rois issus de Haïg ne nous soit parvenue, il faut dire cependant qu'à l'époque où l'Arménie était tributaire des souverains Achœménides, c'est-à-dire à partir des règnes des successeurs immédiats de Vahak'n, fils de Tigrane, des satrapes persans qui gouvernaient quelques-unes des provinces qui leur avaient été enlevées , battaient monnaie, et plusieurs pièces portant leurs noms sont arrivées jusqu'à nous.

TIRIBAZE

Satrape de l'Arménie occidentale sous Artaxerxès-Mnémon (400 à 584 av. J.-C.).

Tiribaze était satrape de l'Arménie occidentale, des Phasianiens et des Hespérites, au temps de Cyrus le Jeune et de la Retraite des Dix-Mille (2). Il figure dans l'histoire depuis l'an 400 jusqu'en 384 avant notre ère. Se-

---

(1) *Antiq. de l'Armén.* (Venise, 1835), t. II, p. 75, note.

(2) Xénophon, Anab., IV, 4 ; VII, 8. — Diodore de Sic., liv. XIV, ch. 27.

lon Cornelius Nepos, il était satrape de Lydie, en 393 (1). Ce fut lui qui commandait l'armée qu'Artaxerxès envoya, en 386, contre Evagoras, roi de Salamine. Mais, sur ces entrefaites, il fut calomnié par Orontes, son collègue, qui le jeta en prison par ordre d'Artaxerxès. Quelques années après, ayant recouvré sa liberté, il n'en profita que pour ourdir un complot avec Darius, fils d'Artaxerxès, dans le but de détrôner ce prince. La conspiration ayant échoué, Tiribaze fut tué d'un coup de javelot, au moment où il se préparait à prendre la fuite (2).

Gesenius (3) et M. le duc de Luynes (4) ont publié plusieurs monnaies d'argent de Tiribaze. Seulement le premier les rangeait parmi les incertaines de la Cilicie, tandis que M. le duc de Luynes, avec sa sagacité habituelle, les a restituées à Tiribaze.

— תריבזי. *Tribzou*, en caractères phéniciens. — Baal, debout à gauche, le corps à demi nu, enveloppé du manteau grec, s'appuie, de la main gauche sur son sceptre, et de la droite soutient un oiseau battant des ailes. Dans le champ T.

℞ — Ormuzd vu de face et nu jusqu'à la ceinture, le corps terminé par un disque annulaire, d'où partent les deux ailes et la queue d'une colombe, avec deux bandelettes, tient de la main droite élevée une couronne et de la gauche la fleur de hom.

Argent. Pl. I, n° 1.

Collection de M. le duc de Luynes.

Il existe une variété de cette médaille au Musée britannique ; c'est une pièce semblable à la précédente et qui n'en diffère que par le sigle du champ qui est ΣΟ au lieu de T.—Pl. I, n° 2.

---

(1) *In Conon.*, ch. 5.
(2) Plutarque, *in Artaxerx.*
(3) *Monum. phœnicia.*, *inc. Cilic.*

(4) *Numism. des satrapies*, p. 1, pl. I, n°ˢ 1 à 3.

II. — DYNASTIES COLLATÉRALES.

Les historiens arméniens ne donnent aucun renseignement sur les événements qui se passèrent dans le royaume d'Arménie, depuis la mort
d'Alexandre jusqu'à l'époque où Arsace le Grand, roi des Parthes, ayant
vaincu les rois de Syrie, et profitant des troubles qui agitaient l'Arménie,
entra dans ce pays et en donna la souveraineté à son jeune frère Vagharschag ou Valarsace, qui fut le chef de la branche des Arschagouni ou
Arsacides d'Arménie et le fondateur de la deuxième dynastie.

Moyse de Khorên, qui rapporte l'histoire de son pays avec beaucoup
d'exactitude, se contente de dire que, depuis la mort de Vahé, dernier roi
de la race d'Haïg, qui fut tué en combattant contre les Macédoniens, jusqu'au règne de Vagharschag, il n'a rien de bien certain à raconter : « Tout
« était dans la confusion et le désordre ; on combattait les uns contre les
« autres pour savoir à qui serait l'empire du pays (1). »

Jean Catholicos rapporte à peu près la même chose que Moyse, dont
le récit lui a servi de guide (2). Ce sont les Grecs qui nous fournissent
sur cette période de l'histoire d'Arménie quelques détails. Ils racontent, en
effet, qu'après la mort d'Alexandre et le partage de son empire entre ses
lieutenants, les provinces de l'Asie ne tardèrent pas à se diviser. D'abord,
soumise aux Seleucides dans l'empire desquels elle était comprise, l'Arménie se révolta bientôt contre Antiochus le Grand (319 av. J.-C.), et Artaxias s'empara de la couronne, en proclamant l'indépendance de son pays.
En vain Antiochus fit plusieurs expéditions contre Artaxias, il fut toujours vaincu. Pendant ce temps-là, d'autres gouverneurs syriens se révol-
taient dans la Petite-Arménie, et l'empire des Seleucides se démembrait
de tous côtés (3). Ce fut à cette époque que se formèrent, dans le sein
même de l'ancien royaume d'Arménie, plusieurs États indépendants qui

_____

(1) Moyse de Khorên, *Hist. d'Arm.*, liv. I,
ch. 30.

(2) *Hist. d'Arm.*, ch. 8.

(3) Cf. Polybe, liv. XXVI, ch. 6. — Diod. de

Sic., liv. XXX, § 23. — Appien. Syr., § 45-46-
55-66. — Strabon, liv. XI. — Plutarque, *Lucull.*

subsistèrent jusqu'au moment de la conquête des Arsacides, et même pendant le règne de quelques-uns des princes de cette dynastie.

Pline raconte, en effet, que l'Arménie était divisée en plusieurs petits gouvernements monarchiques : « Dividitur (Armenia) in præfecturas quas στρατηγίας vocant, quosdam ex iis vel singula regna, quosdam barbaris nominibus CXX (1). » Quels étaient ces royaumes ou ces Etats formés aux dépens de l'empire des Seleucides? L'histoire n'en dit rien. Cependant plusieurs médailles nous font connaître les noms de quelques-uns des rois qui régnèrent, à cette époque, sur certains cantons de l'Arménie ; comme, par exemple, à Arsamosate, dans le Douroupéran ; à Samosate, capitale de la Commagène, et dans la Petite-Arménie.

On n'a pas encore résolu le problème qui consiste à savoir si des pièces très-remarquables pour leur module, leurs types et leur belle conservation, acquises dans ces derniers temps par le Musée britannique et le Cabinet de France, et qui offrent une assez grande analogie avec les monnaies des Parthes, appartiennent à des petits souverains de l'Arménie, ou bien à des rois voisins des Parthes et d'une nationalité inconnue (2), ou bien enfin à des satrapes qui auraient régné dans les contrées de l'Elymaïde. Cette importante question est encore indécise, et les savants attendent, pour se prononcer, que quelques renseignements nouveaux les mettent sur la voie de la solution de ces énigmes. Toutefois, M. le duc de Luynes, qui n'a jamais abordé les questions scientifiques les plus ardues sans en donner la solution, se préoccupe vivement de l'étude de ces monuments, et nous avons tout lieu d'espérer qu'un jour ou l'autre, cet illustre savant nous fera connaître le résultat des recherches qu'il a entreprises sur ce sujet, et qui ne manqueront pas de jeter un grand jour sur cette partie tout à fait inexplorée de la numismatique de l'ancienne Asie.

§ 1er. ROYAUME ARMÉNIEN DE SAMOSATE.

L'histoire ne nous dit rien du royaume de Samosate, et les médailles seules nous apprennent qu'un prince, nommé Samès, devait régner dans

(1) Liv. VI, ch. 9.   (2) *Numismat. Chron.*, t. XII, art. d'Ed. Thomas.

la Commagène, où il avait fondé la ville à laquelle il donna son nom. Cette ville, que les Arméniens appellent Samousad ou Schamouschad, est située au N.-O. de Kalah-Erroum (Hromgla) et au midi de Małathia, sur l'Euphrate. Josèphe (1) nous dit que Samosate était la plus grande ville de la Commagène : « Σαμόσατα τῆς Κομμαγηνῆς μεγίστη πόλις. » Elle fut assiégée et détruite plusieurs fois à l'époque des Séleucides, et lors des conquêtes que les Romains firent en Asie. L'histoire du royaume de Commagène ou de Samosate n'est point encore très-parfaitement connue, et, bien que les travaux de Masson aient jeté quelque jour sur la question (2) pour ce qui est des temps postérieurs à l'époque de sa fondation, il faut avouer pourtant qu'il nous reste encore beaucoup à apprendre sur ce sujet. Tout ce que nous pouvons affirmer, c'est que la dynastie qui régna sur la Commagène après celle de Samès, n'était plus arménienne, et bien que les souverains qui possédaient cette contrée soient représentés sur leurs médailles coiffés de la tiare arméniaque, on doit cependant reconnaître qu'ils étaient issus de la race des Séleucides, et que, s'ils avaient pris la tiare, c'était tout simplement pour imiter les rois qui les avaient précédés, et afin de flatter les populations arméniennes qui étaient répandues en grand nombre dans ce pays. Au surplus, les noms d'Antiochus et de Mithridate, que portent presque tous les rois de la Commagène, prouvent suffisamment leur origine syrienne et leur parenté avec les rois séleucides (3), à la suite desquels les historiens et les numismatistes les ont presque toujours placés.

SAMÈS,

(Vers l'an 130 av. J.-C.)

On ne peut émettre que des conjectures très-vraisemblables, du reste, sur l'époque du règne de Samès. L'abbé Belley, qui, le premier, donna une interprétation d'une médaille de ce prince, inconnu dans l'histoire,

---

(1) *De Bello Jud.*, liv. VII, ch. 7.
(2) Haym, *Tesoro Britannico*, t. I, p. 112.

(3) Cf. Visconti, *Iconogr. grecque*, part. II, ch. XII, § 8; ch. XIV, § 4; et *suppl.*, § 7.

conjectura avec beaucoup de sagacité que Samès avait dû régner vers l'année 130 avant l'ère chrétienne, et que très-probablement Samosate devait être le lieu de sa résidence (1). Mais, avant lui, le P. Frœlich avait publié à Vienne une médaille de Samès qu'il avait attribuée à tort à Arsamès (2). Etant revenu de son erreur, il en donna une nouvelle explication qui consistait à attribuer cette médaille à Samus, jeune poète grec distingué, fils de Chrysogonus, et qui accompagna le dernier Philippe de Macédoine dans son expédition contre les Etoliens. Il supposa dès lors que Samus avait eu en partage, par la générosité d'Antiochus le Grand, quelque district de la Commagène, où il put prendre le titre de roi (3). Mais le poète grec s'appelait Samius et il ne mourut point sur un trône, car l'histoire nous apprend que Philippe, prince farouche et sanguinaire, le fit mettre à mort dans un moment d'emportement (4). De Boze émit, à la suite du mémoire de l'abbé Belley, quelques conjectures nouvelles sur la médaille de Samès (5), et crut que la pièce en question avait été frappée par un roi d'Emèse que Josèphe appelle Σοέμος, Σοαίμος, et enfin Σαίμος (6). L'abbé Belley persista dans sa première explication, dans un mémoire qui fait suite au précédent (7), et son opinion, qui a prévalu depuis, a été suivie par Eckhel (8), Mionnet (9) et Visconti (10).

Tête jeune radiée à droite. Grenetis au pourtour.

℞ ΒΑΣΙΛΕΩΣ   Victoire marchant à droite, tenant de la main
ΣΑΜΟΥ   droite une couronne à laquelle sont attachées des
ΘΕ • ΣΕΒ • ΥΣ   bandelettes, dans le champ, ΓΑ.
ΚΑΙ ΔΙΚΑΙΟΥ

Cuivre, 2 ex. Pl. I, n° 3. — Cabinet de France.

(1) *Obs. sur une médaille du roi Samus*, dans le t. XXVI des *Mém. de l'Acad. des inscript. et belles-lettres*, p. 355.

(2) *Reg. vet. num.*, p. 13. — Cf. aussi Eckhel, *Mus. Vindob.*, p. 252.

(3) *Notit. elem.*, p. 181, p. XV, 2. — *Accessio nova ad numismata reg. vet.*, p. 63.

(4) Polybe, *Excerpt. de virt. et vit.*

(5) *Mém. de l'Acad. des inscript. et belles-lettres*, t. XXVI, p. 365.

(6) *De Bello Jud.*, liv. VII, ch. 7.

(7) *Mém. de l'Acad.*, t. XXVI, p. 380. — *Nouvelles observat. sur la méd. de Samus.*

(8) *Catal. du Mus. de Vienne*, p. 252.

(9) *Méd. gr.*, t. IV, p. 454.

(10) *Iconogr. grecq.*, part. II, ch. 12, § 2, p. 247 et suiv.

Tête de Samès à droite, coiffée de la tiare arméniaque et ornée de fanons et de perles ; dans le champ, derrière la tête, une palme gravée en creux. Grenetis au pourtour.

℞   ΒΑΣΙΛΕΩΣ   Le thyrse de Bacchus , entre deux cornes
       ΣΑΜΟ[Υ]   d'abondance placées en sautoir et entrelacées
       ΘΕΟΣΕΒΟΥΣ   par l'extrémité inférieure.
       ΚΑΙ ΔΙΚΑΙΟΥ

Cuivre. Pl. I, n° 4. — Cab. de Vienne.

L'inspection de ces deux monuments ne laisse aucun doute sur leur attribution à Samès, roi de la Commagène. En effet, si l'on compare le type du revers de la seconde pièce avec celui de la médaille d'Alexandre Zébina, roi de Syrie, frappée à Samosate (125-123), on remarquera une analogie frappante (1). Ensuite l'épithète δίκαιος, qui se remarque dans les légendes des deux médailles de Samès, a été prise pour la première fois par Arsace VII, Phraate II, roi des Parthes, qui régna de l'an 138 à 128 av. J.-C. Comme ces deux indices de ressemblance de médailles se rencontrent entre les années 138 et 123, il est présumable que les monnaies de Samès ont été frappées vers cette époque, ce qui donne approximativement l'année 130 av. J.-C., comme date moyenne du règne de Samès. Au surplus, on peut conjecturer que ce prince occupa le trône assez longtemps, car la première médaille nous le représente sous les traits d'un jeune homme, tandis que la seconde offre pour type un homme d'un âge mûr. Le sigle ΓΛ, 33, indique très-probablement l'année de l'ère de la fondation du royaume de Samosate ; car il n'est pas probable qu'elle puisse signifier l'année du règne de ce prince, qui, sur la médaille, semble être fort jeune et n'avoir point encore atteint sa trentième année.

Mionnet a décrit dans son catalogue (2) une médaille de cuivre de Pythodoris et de Samès, qu'il dit à tort avoir été publiée par le P. Souciet (3) et

---

(1) Haym., *Tesor Britann.*, t. I, p. 109. — Sestini, *Descr. num. vet.*, p. 504, n° 7. — *Coins of the Seleucid. from the cabin. of Duane*, pl. XVII, n° 11. — Visconti, *Icon. gr.*, part. II, p. 249, note 1.

(2) *Méd. gr.*, suppl., p. 723.

(3) *Hist. des rois du Bosph. Cimmér.*

l'abbé Belley (1). Il s'agit dans ces deux travaux, de Pythodoris, reine de Pont, femme de Polémon, et non d'une alliée de Samès.

§ II. ROYAUME ARMÉNIEN D'ARSAMOSATE.

Le royaume d'Arsamosate devait son nom à la ville de ce nom que les Arméniens appellent Arschamouschad ou Arschamaschad, et qui se trouvait dans le canton d'Arschamounik'h , au nord de l'Euphrate. Nul doute que l'Arschamaschad des Arméniens ne soit l'*Arsamota* de Pline (2) et l'*Arsamosata* de Ptolémée (3). Selon toute probabilité , la ville d'Arschamaschad avait été fondée par un prince arménien du nom d'Arscham, dont les Grecs transcrivirent le nom sous la forme Αρσάμης, que nous retrouvons sur les médailles, et avec une variante, Αρσάβης, dans Polyen (4). A l'époque des guerres de Néron et de Vologèse, roi des Parthes, Arsamosate était une place bien fortifiée , et Césonius Petus, que l'empereur avait chargé de défendre l'Arménie contre les incursions des barbares, y avait mis sa famille en sûreté ; aussi Tacite (5) la mentionne sous la dénomination de *Castellum*. Au neuvième siècle de notre ère, Arsamosate formait le thème d'*Asmosat* (6). Cependant, il semblerait résulter d'un passage de Strabon (7) que le royaume d'Arsamosate ne porta pas toujours le nom de son fondateur, Arscham, et que sous le règne de l'un de ses successeurs appelé Xerxès, dont le nom a été conservé par Polybe et les médailles, il était connu sous la dénomination de Xerxène. Cette province était, en effet, une région de l'Arménie peu éloignée de l'Euphrate, et Strabon la compte parmi celles qui furent ajoutées à l'Arménie par Artaxias, par Zariadre, et par d'autres princes, leurs successeurs ou leurs alliés.

---

(1) *Mém. de l'Acad. des inscript.*, t. XXIV, p. 67.
(2) Liv. VI, ch. 9.
(3) Liv. V, ch. 13.
(4) *Stratég.*, liv. IV, ch. 17.

(5) *Ann.*, liv. XV, 10.
(6) Constant. Porphyr. , *De Adm. imp.*, ch. 50.
(7) Liv. XI.

ARSCHAM (ARSAMÈS).

(Vers 245 av. J.-C.)

Arscham est mentionné dans l'histoire à l'époque de la guerre qu'Antiochus Hiérax soutenait contre son frère Séleucus II. Il paraît même qu'Arscham avait embrassé le parti du premier, à ce que nous apprend Polyen : Αὐτὸν τὰ τῶν Ἀρμενίων ὅρη διελθόντα, φίλος ὢν Ἀρσάβης ὑπηδέξατο. « Lorsqu'[Antiochus Hiérax] traversait les montagnes de l'Arménie, il fut reçu par Arsabès qui était de ses amis (1). » Il ne faut pas s'étonner de voir le nom d'Arsamès rendu dans Polyen par Ἀρσάβης, car on sait que dans les manuscrits d'une certaine antiquité, l'μ et le β ont presque la même forme (2). Le nom d'Arscham, Ա ր շ ա մ, se rencontre souvent dans l'histoire d'Arménie (3), et chez les écrivains grecs sous la forme Ἀρσάμης (4).

La seule monnaie d'Arscham qui nous soit parvenue est connue depuis longtemps. Pellerin (5), qui la publia le premier, lisait le nom du roi ΑΙΣΑΜΟΥ ou ΑΙΣΑΜΟΥ. Nous avons vu que le P. Frœlich avait confondu Samès avec Arsamès (6). Mais Pellerin, après un nouvel examen (7), parvint à déchiffrer complétement le nom d'Arscham, ΑΡΣΑΜΟΥ, et c'est sous cette attribution qu'on trouve la médaille classée dans Mionnet (8) et Visconti (9).

Tête tournée à droite et coiffée d'un bonnet, ayant quelque ressemblance avec celui des Parthes arsacides ; filet au pourtour.

℞ ΒΑΣΙΛΕ[ΩΣ]   Sous la légende, un cavalier coiffé d'un bonnet et
   ΑΡΣΑΜΟ[Υ]   vêtu d'une robe flottante, passant à droite et tenant
                      un javelot de la main droite.

Cuivre. Pl. I, n° 5. — Cabinet de France.

---

(1) *Stratég.*, liv. IV, ch. 17.

(2) Cf. Hésychius, v° Ἀιβετός, et le *Comment.* d'Alberti.

(3) Moyse de Khorèn, liv. II, ch. 24, 25.

(4) Plutarque, *Artaxerxès.* — Eschyle, *Tragéd. des Perses, passim.*

(5) Rois, pl. XXI, n° 3.

(6) Cf., plus haut, p. 9.

(7) Lettre II, p. 79.

(8) *Méd. gr.*, t. IV, p. 454. — *Suppl.*, t. VII, p. 723.

(9) *Icon. gr.*, 2ᵉ part., p. 243.

XERXÈS.

(174-164 av. J.-C.)

Xerxès est encore un de ces princes sur lesquels l'histoire ne dit que peu de chose. Cependant un fragment de Polybe (1) nous donne sur ce personnage des détails suffisants touchant l'époque où il vécut et le pays où il régna. Xerxès, à ce que nous apprend Polybe, faisait sa résidence à Arsamosate, et il est probable qu'il régnait sur la même région qu'Arsamès, qui était peut-être un de ses ancêtres. Antiochus IV, Epiphane, qui occupait le trône de Syrie, ayant résolu de faire une expédition en Arménie (2), déclara la guerre à Xerxès ; celui-ci, voyant qu'il ne pouvait résister aux forces d'Antiochus, mit sa confiance dans la grandeur d'âme du roi de Syrie. Ce prince se contenta alors d'exiger de Xerxès qu'il payât le tribut que son père avait négligé d'acquitter, confirma le traité de paix qui avait existé entre eux, et lui donna sa sœur en mariage. Voici la traduction du passage de Polybe qui a trait à l'histoire de Xerxès : « Antio-« chus [IV, roi de Syrie] étant sur le point de mettre le siége devant « Arsamosate, ville située entre l'Euphrate et le Tigre, dans un lieu nommé « *la belle plaine*, Xerxès, qui y régnait, prit d'abord la fuite ; mais, « réfléchissant ensuite que si l'ennemi s'emparait de la capitale de ses « Etats, il soumettrait facilement le reste, il résolut d'envoyer des ambas-« sadeurs au roi de Syrie et de lui demander une entrevue. Les favoris « d'Antiochus lui conseillaient de s'assurer de la personne de Xerxès et « de faire entrer dans sa propre famille la principauté d'Armosate, en la « donnant à Mithridate, fils de sa sœur naturelle. Loin de suivre cet avis, « Antiochus aima mieux conclure un traité de paix avec Xerxès ; il le fit « venir en sa présence, lui remit la plus grande partie des tributs que le « père de ce jeune prince avait refusé de payer, retira de lui trois cents « talents, mille chevaux, mille mulets avec leurs harnais, et lui donna sa « sœur Antiochide en mariage, après avoir réglé les affaires de ce « royaume. La grandeur d'âme et la générosité vraiment royales qu'An-

(1) *Excerpt. de virt. et vit.* Extr. de Constantin Porphyr.   (2) Appien. *Syr.* § 45, 46, 66.

« tiochus fit paraître en cette occasion, lui attirèrent l'amour et la con-
« fiance des peuples de ces cantons. »

Ces détails sont suffisants pour établir l'existence du prince dont nous
allons décrire les médailles, et il est bien évident qu'elles ne peuvent
être attribuées à aucun autre roi du même nom, car l'un des signes ca-
ractéristiques de leur provenance arménienne est la tiare, qui figure sur
les trois pièces de Xerxès connues jusqu'à ce jour.

L'abbé Barthélemy a le premier publié une médaille de Xerxès ; seulement il conjecturait que l'Antiochus qui eut des démêlés avec ce prince
était Antiochus III le Grand (1). Le Père Frœlich, au contraire, plaça cet
événement sous Antiochus IV, par d'autres motifs (2). Visconti a rétabli
les faits dans toute leur vérité, dans une note jointe à sa dissertation sur
Xerxès (3). Une autre médaille de Xerxès a été décrite par Mionnet; elle
diffère seulement de la première par les monogrammes du droit et du
revers (4).

Tête barbue coiffée de la tiare avec la clamyde à droite; derrière la tête,
un monogramme. Grenetis au pourtour.

℞ BAΣIΛEΩΣ   La Victoire debout, à gauche, tenant de la main
ΞEPΞOY   droite levée une couronne, et appuyée de la gauche
sur un bouclier. Dans le champ, NK en monogramme.

Cuivre, moy. mod. — Pl. I, n° 6.

Cab. de France.

Tête barbue coiffée de la tiare avec la clamyde à droite. Filet au
pourtour.

℞ [BAΣIΛEΩΣ]   Victoire debout, à gauche, tenant de la main
ΞEPΞOY   droite levée une couronne. Dans le champ : Z.
(L'an 6 du règne?)

(1) *Mém. de l'Acad. des inscr.*, t. XXI, p. 404.
(2) *Accessio ad num. reg.*, p. 64, pl. 1, n° 10.
(3) *Iconogr. gr.*, 2e part., ch. xii, § 3, p. 520, note 3.
(4) *Méd. gr.*, suppl., p. 724.

Cuivre, pet. mod.

Cab. de M. Rollin.

Tête barbue et coiffée de la tiare, à droite. Filet au pourtour.

₩ [ΒΑ]ΣΙΛΕΩ[Σ] La Victoire debout, à gauche, tenant une couronne
  ΞΕΡΞΟΥ de la main droite et appuyée de la gauche sur un
      bouclier. Dans le champ, H. (L'an 8 du règne?)
      Filet au pourtour.

Cuivre, pet. mod. — Pl. 1, n° 7.

Cab. de France.

Dans le catalogue d'Ennery (1) on voit figurer une médaille d'argent de Xerxès, que les numismatistes n'ont point comprise dans leurs classements, parce qu'elle a été généralement considérée comme fausse ou douteuse.

Les monogrammes exprimés sur le revers des médailles que nous venons de décrire sont sans doute les dates du règne de Xerxès. Barthélemy avait supposé que l'H, qui figure sur l'une d'elles, n'était pas l'année 8 du règne de Xerxès, mais bien l'initiale de Ηλέγερδα, ville de l'Arménie que Ptolémée place dans la préfecture d'Arsamosate. Une autre médaille porte la date Z, ou 6.

ABDISSAR.

(Vers la moitié du second siècle av. J.-C.)

Le roi Abdissar n'est point connu dans l'histoire; mais la ressemblance des trois médailles qui nous sont parvenues de ce prince avec celles de Xerxès, roi d'Arsamosate, est frappante. La coiffure de ce prince, son nom sémitique, le type de ses médailles comparé avec celles de Xerxès ont engagé Visconti à ranger Abdissar dans la série des rois d'Arsamosate (2).

(1) P. 28, 193. (2) *Iconog. gr.*, 2ᵉ part., ch. xii, § 4, p. 252.

M. de Saulcy, qui a confirmé cette attribution, suppose qu'Abdissar devait être, selon toute apparence, fils de Xerxès, ce qui fixerait la date de son règne vers la moitié du second siècle avant l'ère chrétienne (1). On peut donc établir ainsi la succession des rois d'Arsamosate :

> Arscham, vers 245 avant J.-C.
> Lacune de plusieurs règnes.
> Xerxès, 174 à 164 avant J.-C.
> Abdissar, vers 150 avant J.-C.

Le nom d'Abdissar se rencontre dans plusieurs monuments. Deux inscriptions phéniciennes, celle d'Oxford et celle de Malte, qui est bilingue (2), rapportent ce nom, dont la composition est assurément sémitique. Le nom d'Abdissar, עבר אמר, et mieux encore עבר ארסיר, comme le pense Lindberg, est rendu dans la traduction grecque de l'inscription phénicienne de Malte, par Διονύσιος, qui vient de Διόνυσος, Bacchus, que les Grecs, au dire d'Hérodote, avaient assimilé à l'Osiris du Panthéon égyptien : Θεοὺς δε γάρ ον τους αὐτοὺς παντες Αἰγύπτιοι σέβονται πλὴν Ἰσιός τε καὶ Ὀσίριος, τόν δε Διόνυσον εἶναι λέγουσι (3). Plus loin, le même auteur dit encore : Ὀσίρις δε ἐστὶ Διόνυσος καθ' Ἑλλάδα γλῶσσαν (4). Le dieu Issar, dont le nom entre dans la composition de celui d'Abdissar, paraît donc avoir été regardé par les Grecs comme étant le même que leur Διονυσος, c'est-à-dire Bacchus ou Osiris. On sait, par le témoignage de Suétone (5) et de Dion (6), que le nom Æsar signifiait, dans la langue étrusque, Dieu, ou peut-être un dieu parculier, tandis qu'au contraire en hébreu le mot שר, sar ou char, qui semble appartenir à une même racine sémitique, veut dire tout simplement prince.

Cette terminaison en sar se rapproche aussi beaucoup de celle des noms propres assyriens.

---

(1) *Bulletin archéol. de l'Athenæum français*, 1855, n° 12, p. 101, le Roi Abdissar.
(2) *Mém. de l'Acad. des inscr.*, t. XXX, p. 405, 423.—Pococke. *Descr. of the East*, t. II, p. 213. — Akerblad. Lettre sur une inscript. phénic. trouvée à Rome. — Lindberg. *De Inscript. Melitensi phœn.-greca.*

(3) Hérodote, II, 42.
(4) Hérodote, II, 414. — Cf. aussi Diodore de Sicile, IV, 1, 247. — Plutarque. *Isis et Osir.*, 13.
(5) *Hist. Aug.*, ch. 97.
(6) Liv. LXVI, § 29.

Il est remarquable de trouver dans les hiéroglyphes que le nom propre
lu par Champollion, Poëris, et qui s'écrit 𓀀 𓏏 𓂀 *le chef*, se pro-
nonce, selon un monument du Sérapéum découvert par M. Aug. Mariette,
𓀀 𓏏 𓂀 c'est-à-dire PeSA°R, *le chef* (1).

Parmi les satrapes de Tarse en Cilicie, dont les médailles nous sont
parvenues (2), il en est un dont le nom se rapproche aussi beaucoup de
celui d'Abdissar, c'est Abdsohar, עבד־זהר, *le serviteur de Sohar*, l'étoile
brillante de Vénus, personnage qui paraît avoir été contemporain d'Artaxerxès-Mnémon.

Quand Visconti publiait la monnaie d'Abdissar, il ne s'étonnait pas de
voir un nom sémitique porté par un roi d'Arménie, confiant dans l'assertion de Strabon (3), qui dit, d'après Posidonius, que la langue des Arméniens avait beaucoup d'affinités avec celles des Syriens et des Arabes.
Rien n'est plus erroné que cette opinion du géographe de l'antiquité, car
on sait que la langue arménienne appartient à la famille des langues indo-
germaniques, et si l'on trouve des rois d'Arménie portant des noms sémitiques, comme Xerxès et Abdissar, par exemple, cela prouve tout simplement que les Arméniens eurent pour rois des monarques étrangers, à
l'époque des derniers Séleucides. Nous savons en effet que bien avant le
renversement de Vahé, fils de Van, dernier roi de la dynastie d'Haïg, par
les Macédoniens, l'Arménie dut subir la domination de gouverneurs étrangers à leur nation, auxquels les rois Achœménides avaient donné des
satrapies presque indépendantes et qu'ensuite, elle fut réunie en partie à
l'Empire des Seleucides jusqu'à l'époque où Arsace le Grand donna le
royaume d'Arménie, qui alors faisait partie de l'empire des Parthes, à son
frère Vagharschag, fondateur de la deuxième dynastie arménienne.

---

(1) De Rougé, *Tombeau d'Amhès*, p. 33. —
Bulletin de l'Athenæum fr., 1855. Renseignements sur les Apis du Sérapéum de Memphis,
par M. Mariette, § 3, p. 66, note 42.

(2) De Luynes, *Num. des satrapies*, p. 26.

(3) Liv. I.

3

Les premiers numismatistes qui publièrent les monnaies d'Abdissar avaient mal lu le nom de ce roi, qui offrait une véritable difficulté. La forme sémitique du nom d'Abdissar, la mauvaise conservation des légendes avaient aussi induit Eckhel (1) en erreur, et ce fut Sestini qui en donna le premier une bonne lecture et les fit graver ; seulement les lettres IE (15), date du règne d'Abdissar, furent omises sur la figure qu'il reproduisit de l'une de ces médailles (2). Visconti, dans son Iconographie grecque (3), a adopté la leçon de Sestini, qui est aujourd'hui admise sans contestation.

Tête d'Abdissar, barbue, coiffée de la tiare arméniaque et tournée à droite. Grenetis au pourtour.

℞   ΒΑΣΙΛΕΩΣ   Aigle tournée à droite.
ΑΒΔΙΣΣΑΡΟΥ

Cuivre, moy. module. — P. I, n° 8.

Cab. de France.

Tête d'Abdissar, coiffée de la tiare arméniaque et tournée à droite. Grenetis.

℞   ΒΑΣΙΛΕΩ [Σ]   Buste de cheval, avec sa bride, tournée à droite.
ΑΒΔΙΣΣΑΡ [ΟΥ]

Cuivre. — Pl. I, n° 9.

Une variété de cette médaille a été publiée par Eckhel et Sestini avec la date IE, l'année 15 du règne d'Abdissar.

Tête d'Abdissar coiffée de la tiare arméniaque et tournée à droite. Grenetis.

℞   ΑΒΔΙΣΣ[ΑΡΟΥ]   Aigle tournée à droite.
ΒΑΣΙΛΕ [ΩΣ]

Cuivre. — Pl. I, n° 10.

Cab. de France.

Les monnaies d'Abdissar nous fournissent deux types fort curieux à

(1) *Doct. num. vet.*, t. II, p. 208.   (3) Part. II, chap. 12, § 4, p. 252.
(2) *Lettres*, t. IX, p. 104.

étudier ; ce sont : le cheval que nous avons déjà vu figurer sur les monnaies de Arscham, et l'aigle. Les auteurs arméniens et grecs sont d'accord sur ce point, que l'Arménie produisait beaucoup de chevaux (1). Ainsi, nous avons vu que Xerxès, roi d'Arsamosate, dans le traité de paix qu'il signa avec Antiochus, dut s'engager à lui fournir mille chevaux et autant de mulets (2). Nous savons aussi que les rois d'Arménie envoyaient tous les ans au roi de Perse vingt mille poulains en tribut (3). Nous verrons plus loin que le cheval est un type assez fréquent sur les monnaies des Arsacides. Mais déjà à une époque antérieure, le cheval était une des ressources principales du commerce des anciens Arméniens. Ainsi nous trouvons dans les livres saints, un passage d'Ezéchiel, qui dit : « De domo Thorgoma (*id est* Armeniæ) equos et equites et mulos adduxerunt ad forum tuum (4). »

L'aigle qui figure ici pour la première fois sur deux monnaies d'Abdissar, est un type qui paraît emprunté aux médailles des Séleucides, sur lesquelles il commence à paraître à l'époque d'Antiochus IV. Cependant nous savons, par le témoignage des anciens historiens de l'Arménie, que l'aigle était aussi un emblème spécial à ce royaume. Moyse de Khorèn nous apprend, en effet, que Vagharschag, en organisant sa cour et son empire, institua une satrapie en faveur d'une famille qui avait le privilége de porter devant lui les aigles, et à laquelle il donna le nom d'Ardzivouni, et plus simplement Ardzrouni, c'est-à-dire porte-aigles : ևَ զարծուենդ զհոմ ոչ արծրունիս, այլ արծիւ ունիս, որք արծունս առջի նորա կրէին։ « Je sais que le nom de ceux qui portaient les aigles devant lui (Vagharschag), n'était pas Ardzrouni, mais bien Ardziv-ouni (5). » L'historien Mesrob rapporte que sous le règne d'Arsace, l'aigle et l'arc étaient les emblèmes du royaume d'Arménie (6). Nous verrons plus tard, sur une monnaie frappée par Tigrane II, roi de la dynastie arsacide d'Arménie, figurer un personnage debout qui tient de la main gauche un arc.

---

(1) Moyse de Khorèn, liv. II, ch. 62. — Faustus de Byzance, liv. III, ch. 20. — Strabon, liv. XI.

(2) Polybe, *Excerpt.*, t. II, p. 1381.

(3) Strabon, liv. XI.

(4) Ezech., XXVII, 14.

(5) Moyse de Khorèn, liv. II, ch. 7.

(6) Mesrob, p. 5.

§ III. ROYAUME DE LA PETITE-ARMÉNIE.

Polybe nous apprend qu'environ 170 ans avant J.-C., une partie de la Petite-Arménie située entre l'Euphrate et les Etats du roi de Pont, obéissait à un prince du nom de Mithridate, auquel il donne le simple titre de satrape. Cependant il paraît que ce prince était indépendant, puisqu'il faisait la guerre et la paix, et concluait des traités en son nom, avec les rois de l'Asie. Il est présumable, que le royaume de la Petite-Arménie était un de ces nombreux Etats formés après le démembrement de l'empire d'Alexandre, et dont Pline affirme que le nombre s'élevait à cent vingt stratégies.

MITHRIDATE.

(Vers 170 avant Jésus-Christ.)

Le personnage dont nous allons nous occuper est mentionné par Polybe (1) qui en parle à propos de la coalition qu'il forma avec Pharnace Ier, roi de Pont, pour faire la guerre à Eumène II, roi de Pergame, à Prusias II, roi de Bythinie, à Ariarathe VI, roi de Cappadoce et à leurs alliés. Le traité qui mit fin à cette guerre et qui nous a été conservé parmi les extraits de Polybe recueillis par Constantin Porphyrogénete, fut signé environ 170 ans avant notre ère. Visconti suppose avec raison que ce Mithridate n'est autre que le petit-fils d'Antiochus le Grand, auquel Antiochus Epiphane, son oncle, aurait donné les Etats de Xerxès, roi d'Arsamosate, si des sentiments plus généreux ne l'en avaient détourné (2). On ne connaît pas les autres circonstances de la vie de Mithridate, ni du sort de ses Etats après sa mort. On peut croire que l'un de ses successeurs était cet Antipater, fils de Sisis, qui céda tous les pays de sa domination à Mithridate le Grand.

---

(1) *Excerpt. de virt. et vit.* (2) *Icon. gr.*, 2e part., ch. 12, § 5, p. 255.

Plusieurs numismatistes ont parlé de la monnaie de Mithridate, roi de la Petite-Arménie; ce sont Béger (1), Spanheim (2), Frœlich (3), Eckhel (4), Mionnet (5), Visconti (6), etc. Spanheim avait lu le nom du roi, ΜΙΘΡΑΔΑ-ΤΟΥ, et avait attribué la médaille à un prince qui portait le même nom que le roi de la Petite-Arménie. Béger et Frœlich avaient aussi proposé une attribution qui fut combattue victorieusement par Eckhel. Ce savant, guidé sans doute par le type de la médaille, déclara qu'on devait ranger le Mithridate en question parmi les princes arméniens. Visconti a adopté l'attribution d'Eckhel qu'il a précisée davantage. Mionnet et d'autres numismatistes, trompés sans doute par la ressemblance du nom, ont attribué à tort, au prince dont nous nous occupons, des médailles portant pour légende ΒΑΣΙΛΕΩΣ ΜΙΘΡΙΔΑΤΟΥ ΚΑΛΛΙΝΙΚΟΥ (7); mais, nous le répétons, Visconti a prouvé d'une manière irréfutable que ces pièces appartenaient à Mithridate II, roi de la Commagène (8).

Tête du prince coiffée de la tiare arméniaque et tournée à gauche ; derrière la tête du roi, une palme en contremarque semblable à celle qui se voit sur celui de la médaille de Samès.

℞ ΒΑΣΙΛΕ[ΩΣ]   Massue d'Hercule.
ΜΙΘΡΙΔΑ[ΤΟΥ]
[ΦΙΛΕ]ΛΛΗ[ΝΟΥ]

Cuivre. — Pl. I, n° 11.

Cabinet de Berlin.

L'épithète mutilée, qui se lit au revers de la médaille de Mithridate est, selon Visconti, le commencement du mot φιλόμετορ, parce qu'il suppose que ce prince, né d'une sœur d'Antiochus le Grand, se glorifiait de cette origine, mais il est plus logique de penser que Mithridate avait pris le titre

---

(1) Trés. de Brandebg., t. III, p. 8.
(2) T. I, p. 182.
(3) Not. élém., t. X, n° 5.
(4) D. N. V., t. III, p. 206.

(5) Méd. gr., t. IV, p. 456.
(6) Icon. gr., 2ᵉ part., ch. 12, § 5, p. 255.
(7) Méd. gr., t. IV, p. 456.
(8) Icon. rom., suppl. gén., p. 14 et suiv.

de φιλέλληνος, comme le firent dans la suite quelques-uns des rois Arsacides de l'Arménie, à l'imitation de beaucoup de princes de l'Orient, comme par exemple les rois de Parthie, et Arétas, roi de Damas; c'est par sa mère que Mithridate se regardait comme issu de la race d'Hercule, et cette prétention est indiquée par la massue qui figure sur le revers de la médaille.

Au moment où je terminais ce chapitre, j'ai reçu une lettre des RR. PP. Mékhitaristes de Vienne, qui m'annoncent que l'un des plus savants ar- chéologues de la congrégation, le P. Clément Sibilian, qui voyage en ce moment en Arménie, a découvert des médailles du plus haut intérêt. Voici le passage de cette lettre, relatif à ces découvertes : « Le P. Sibilian a trouvé une médaille, au type arsacide, portant le nom d'Arscham (1), qu'il croit être le père d'Abgar, et une autre pièce, avec le nom de Vagharschag, dont le type diffère entièrement de celui des rois parthes. Il ne nous a pas encore envoyé la collection qu'il a formée et qui fait de notre cabinet numismatique le plus riche en monnaies arméniennes (2). »

(1) C'est peut-être une monnaie d'Arscham (Arsamès), roi d'Arsamosate, semblable à celle que j'ai publiée page 12.

(2) Lettre du P. Avkérian, du 29 juillet.

DEUXIÈME DYNASTIE.

ARSACIDES.

Quand la puissance des Grecs eut commencé à baisser dans la Haute-Asie, un demi-siècle environ après la mort d'Alexandre, les querelles intestines, causées par l'ambition des lieutenants du conquérant macédonien, inspirèrent aux peuples soumis au joug de ces usurpateurs étrangers le désir de profiter de leurs divisions et de recouvrer leur indépendance.

Un Parthe, nommé Arschag ou Arsace, profitant de la disposition générale des esprits, leva bientôt, dans la Bactriane, l'étendard de la révolte contre les Séleucides. Vainement ces princes envoyèrent contre lui de nombreuses armées pour le faire rentrer dans le devoir, il les vainquit toujours, et parvint même à les chasser des provinces de la Parthyène et de l'Hyrcanie. Ses descendants, imitant son exemple, poursuivirent le cours des conquêtes d'Arschag, et repoussèrent jusqu'aux bords de l'Euphrate les faibles successeurs d'Alexandre.

Un autre Arschag, surnommé le Grand, et connu aussi sous le nom de Mithridate, qui vivait cent ans après le fondateur de la dynastie des Parthes, vainquit de nouveau les rois de Syrie, répandit la terreur de ses armes dans presque toute l'Asie et, profitant des troubles qui agitaient l'Arménie, y entra à la tête d'une armée formidable. Secondé par les Arméniens, qui le reçurent comme un libérateur, Arschag se rendit maître de tout le pays et en donna la souveraineté à son jeune frère Vagharschag, qui devint ainsi le chef de la dynastie des Arsacides d'Arménie. La ville de Nisibe (Medzpin), dans la Mésopotamie septentrionale, fut la capitale de ce nouveau royaume. Bientôt Vagharschag étendit les limites de son empire, soumit à ses lois une partie de l'Asie-Mineure, de la Haute-Arménie et du pays des Lazes, et s'empara même des montagnes du Caucase. C'est du règne de ce prince que date l'organisation satrapale de l'Arménie et la grandeur de cet empire (1).

(1) Moyse de Khorèn, liv. II, ch. 2-7. — Jean Catholicos, ch. 8. — Samuel d'Ani, *Chron.*

I. — PREMIÈRE BRANCHE.

La numismatique des Arsacides d'Arménie n'est point aussi riche que l'on pourrait le supposer au premier abord. La longue liste de rois qui nous est fournie par les historiens orientaux et occidentaux ne présente pas beaucoup de monuments monétaires. Ainsi, nous ne connaissons aucune monnaie de Vagharschag et de ses premiers successeurs jusqu'au règne de Tigrane le Grand ou Dikran, comme le nomment les Arméniens. Nous nous expliquons du reste cette lacune, en parcourant l'histoire d'Arménie, qui nous apprend qu'Arschag le Grand, dans le but de rendre indissolubles les liens qui attachaient les deux royaumes de Parthie et d'Arménie, décida que les princes de la branche aînée, maîtres de la Perse, seraient investis de la suzeraineté et du droit exclusif de battre monnaie. Mais cette suzeraineté ne fut pas de longue durée, car dès le règne d'Ardaschès Ier, fils d'Arschag, deuxième successeur de Vagharschag, qui régna depuis l'année 114 jusqu'en 89 avant notre ère, l'Arménie s'affranchit, à ce qu'il paraît, de la domination des Parthes, et Ardaschès, que Moyse de Khorên nous représente comme un prince superbe et ami des combats, jaloux d'augmenter la gloire et d'étendre la domination de son pays, enleva à Arschagan, roi des Parthes, la suzeraineté que les princes de la branche aînée avaient exercée jusqu'alors sur les Arsacides d'Arménie, lui donna le second rang et prit le titre de *roi des rois*. Il voulut en outre, dit Moyse, que la monnaie des deux pays fût frappée à son effigie . դրամ առանձին զիւր պատկերն հարկանէր (1). Assoghig de Daron confirme ce témoignage dans son *Histoire universelle* : « Ardaschès succéda « à son père Arschag, la vingt-quatrième année d'Arschagan, roi de Perse. « Par la puissance qu'il acquit, il sortit du second rang pour prendre « la préséance, et revendiqua le droit de battre monnaie en y impri- « mant son effigie (2). »

(1) *Hist. d'Armén.*, liv. II, ch. 11.   (2) Assoghig, 1re partie, ch. 5. *Rois Arsac. d'Arménie*.

C'est seulement à partir du règne de Tigrane, successeur d'Ardaschès, que nous voyons apparaître les médailles des Arsacides d'Arménie. La suite en est assez complète jusqu'au règne d'Artaxias, époque à laquelle les rois arméniens de la première branche cessèrent tout à fait de battre monnaie. C'est aussi à partir de ce moment, que le numéraire des Parthes et celui des Romains remplacèrent en Arménie les monnaies nationales qui devinrent dès lors d'un usage très-restreint, et disparurent bientôt, par les soins des officiers chargés de recueillir en Orient les pièces étrangères, qui devaient être fondues, pour être converties ensuite en monnaies par les Parthes et les Romains, d'après le système en usage dans les deux empires.

TIGRANE Ier (1) LE GRAND. — DIKRAN.

(89 av. J.-C. — Associe Ardavazt, son fils, à l'Empire en 55. — Mort en 56.)

Tigrane, fils d'Ardaschès, que les historiens représentent comme un des plus grands conquérants de l'Orient, était fort jeune lorsqu'il arriva au trône d'Arménie, et il paraît même, au dire des historiens grecs et latins (2), qu'il fut, pendant quelque temps, dans la dépendance des Parthes. Etant parvenu à s'affranchir de leur empire, Tigrane songea à ranger tous les peuples de l'Asie sous sa domination. Il réunit d'abord, aux états de ses pères, la Syrie et plusieurs provinces de l'Asie Mineure; puis, ayant attaqué les princes de la branche aînée des Arsacides qui régnaient en Perse, il leur enleva la Mésopotamie, l'Adiabène et l'Atropatène, et reçut des souverains perses le titre de *roi des rois*. Fier de ses victoires et de ses conquêtes, il embrassa la cause de Mihr-tad ou Mithridate, roi de Pont, son beau-frère, qui, vaincu par les Romains, était venu chercher

---

(1) Ce prince est le deuxième du nom dans la série des rois d'Arménie, mais il est le premier dans la suite Arsacide. Aussi les auteurs l'appellent-ils indifféremment Tigrane Ier ou Tigrane II.

(2) Strabon, liv. XI. — Justin, liv. XXXVIII. — Appien, *Syr.*, *passim*.—Longuerue, *Ann. reg. Parth.*, ann. *A. C.* 95, p. 15.

4

un asile dans ses états et implorer son appui. Mais, la fortune l'ayant abandonné, Tigrane dut céder devant les forces romaines, fut contraint de renoncer à toutes ses conquêtes, de souscrire de honteux traités avec les princes qu'il avait offensés et de quitter le titre fastueux de roi des rois (1). Tigrane mourut dans un âge fort avancé, en laissant son royaume, considérablement réduit, à son fils Artavazt ou Artabaze.

L'histoire fait mention des trésors immenses que Tigrane avait amassés pendant le cours de ses conquêtes, et l'on peut juger en effet de leurs richesses par le tribut onéreux que Pompée exigea de ce prince après sa défaite, en 66. Strabon raconte, à cette occasion, que le général romain demanda à Tigrane une contribution de guerre de six mille talents d'argent, qui furent distribués sur-le-champ aux troupes; chaque légionnaire eut pour sa part cent cinquante drachmes; chaque centurion, mille drachmes; chaque éparque et chiliarque, un talent (2). Cependant les historiens grecs et latins ne sont pas d'accord sur la somme que Pompée exigea de Tigrane (3), mais il n'en est pas moins vrai que cette contribution était énorme, puisque les écrivains de l'antiquité en ont tous fait mention dans leurs récits.

Les trésors de Tigrane, ainsi que ceux d'Ardavazt, son fils et son successeur, étaient conservés, au dire de Strabon, près d'Artaxata, dans les deux forteresses de Babyrsa ou Barbyrsa et d'Olané (4).

Les médailles de Tigrane qui nous sont parvenues et qui se rencontrent assez fréquemment dans les collections, ont été frappées à Antioche et dans d'autres villes de l'empire des Séleucides, alors que ce prince était

(1) Moyse de Kh., liv. II, ch. 13-22. — Jean Cath., ch. 8. — Appien, *Syr. et Mith.* — Plutarque, *Lucull.*, *Pomp.*, *Anton.* — Dion Cassius, liv. XXXVI, XXXVII, XL, XLIX. — Velleius Patercul., liv. II.

(2) Strabon, liv. XI, ch. 19.

(3) Plutarque, *Pomp.* — Dion Cassius, liv. XXXVI. — Appien, *Mithr.* — Suidas, Πομπήιος. — Ciceron, *pro Sextio.* — Vell. Patercul., liv. II. — Val. Maxim., liv. XV, ch. 1. — Orose, liv. VI, ch. 4. — Eutrope, liv. VI, ch.3.

(4) Strabon, liv. XI, ch. 19.

maître de la Syrie. Nous avons donc la date assez précise de l'époque où ces médailles furent frappées, car on sait que le règne de Tigrane en Syrie dura dix-huit ans, selon Justin (1), c'est-à-dire depuis l'an 83 avant J.-C., jusqu'à l'an 66 (2).

Les monnaies de Tigrane offrent de grandes variétés de coins et de types ; elles ressemblent en tout point à celles des princes Séleucides, ses prédécesseurs, et on reconnaît facilement, à une première inspection, que ces pièces ne peuvent avoir été frappées que dans les ateliers monétaires de la Syrie ; aussi les numismatistes sont-ils unanimes pour ranger les médailles de Tigrane parmi les pièces de la série des Séleucides. La seule différence à signaler, entre les monnaies de Tigrane et celles de ses prédécesseurs, est le type qui figure invariablement sur le droit des pièces, nous voulons parler de la tête du prince qui est constamment coiffée de la tiare arméniaque, tandis que sur les monnaies des autres Séleucides, la tête est nue et les cheveux sont simplement retenus par un bandeau.

Voici la description des différents types que nous offre la série des monnaies frappées par Tigrane le Grand (3) :

Tête de Tigrane tournée à droite et coiffée de la tiare arméniaque ornée de deux aigles opposés et d'une étoile. Perles au pourtour.

ΒΑΣΙΛΕΩΣ · Femme tourellée assise (Antioche) sur un rocher,
ΤΙΓΡΑΝΟΥ · tournée à droite, tenant de la main droite une palme;
elle a le pied posé sur un fleuve (l'Oronte) sortant de terre. Dans le champ , ΣΙ en monogramme; le tout entouré d'une couronne de laurier.

Tétradrachme d'argent. — Pl. II, n° 1.

Cab. de France.

On connaît plusieurs variétés des coins de cette médaille où figurent des monogrammes souvent très-compliqués et que, jusqu'à présent, on n'est

---

(1) Liv. XI, ch. 1.
(2) Card. Noris, ad cenot. Pisan.. dissert., II, ch. 2.

(3) Cf., Mionnet, *Descr. des méd. grecq.*, t. V, p. 168-9 ; et *suppl.*, t. VIII, p. 78 et suiv.

point parvenu encore à déchiffrer. Cf., pl. II, n° 3, 4, 5. — Des médailles presque semblables à celle dont on vient de lire la description, ont été publiées par Sestini (1) qui observe que la femme tourellée représentée au revers de ces médailles porte aussi un voile. Ennery (2), l'auteur du catalogue du cabinet Duane (3) et Mionnet (4), qui ont décrit plusieurs monnaies de Tigrane, a signalé plusieurs variétés de monogrammes.

Le type du revers de la plupart des tétradrachmes de Tigrane et des autres monnaies de ce prince, est assurément un des plus curieux qui nous soient offerts par la numismatique des Séleucides. Il représente, en effet, la ville d'Antioche sous les traits d'une femme coiffée d'une couronne murale, tenant une palme et assise sur un rocher, dont la base est baignée par les flots du fleuve Oronte, qui est représenté sous la figure d'un homme nu et nageant aux pieds de la ville. Ce type de la ville d'Antioche et de son fleuve personnifiés, ne se rencontre pas seulement sur les monnaies de Tigrane, mais il se voit encore sur beaucoup d'autres médailles des princes Séleucides et sur les monnaies impériales ou coloniales frappées à Antioche. Cette représentation avait pour prototype un groupe de bronze, ouvrage d'Eutychide, élève de Lysippe, et que les habitants d'Antioche avaient en grande vénération (5).

Tête de Tigrane, à droite, coiffée de la tiare.

3) BAΣIΛEΩΣ   Femme tourellée assise sur un rocher à droite, te-
BAΣIΛEΩΝ   nant de la main droite une palme, et le pied posé
TIΓPANOY   sur un fleuve sortant de terre. Dans le champ, deux
                 monogrammes; le tout entouré d'une couronne de
                 laurier.

Tétradrachme d'argent.

Cette médaille, qui diffère de la précédente par la légende, a été frappée,

(1) *Desc. num. vet.*, p. 502, n° 1-9.
(2) *Mus. Vindob.*, p. 29 et suiv.
(3) *Coins of the Seleuc.*, pl. XXII.
(4) T. V, p. 168-9, et *suppl.*, t. VIII, p. 78 et s.
(5) Pausanias, V, 2. — Museo Pio Clément., p. 72, pl. XLVI, 61.

ainsi que ses variétés, lorsque Tigrane prit le titre de roi des rois, après avoir conquis la Syrie.

Tête de Tigrane, à droite, coiffée de la tiare.

℞ ΒΑΣΙΛΕΩΣ   Femme tourellée assise sur un rocher, à gauche, [ΤΙ]ΓΡΑΝΟΥ   le bras droit étendu et portant une corne d'abon- ΑΜΝ(?)   dance de la main gauche; à ses pieds un fleuve na- geant. Dans le champ, le monogramme d'Antioche, ΑΝ; à l'exergue, des lettres altérées; le tout dans une couronne de laurier.

Tétradrachme d'argent. — Pl. II, n° 2.

Cab. de France.

Tête de Tigrane, à droite, coiffée de la tiare. Grenetis au pourtour.

℞ ΒΑΣΙΛΕΩΣ   Femme tourellée assise sur un rocher, à droite, ΒΑΣΙΛΕΩΝ   tenant une palme de la main droite; à ses pieds, ΤΙΓΡΑΝΟΥ   un fleuve nageant. Dans le champ, ΕΛ en mono- gramme; à l'exergue, ΞC.

Drachme d'argent. — Pl. II, n° 6.

Cab. de France.

Duane, coins of the Seleucid., Pl. XXIII, n° 8, p. 145. — Sestini, Descr. num. vet., p. 502, n° 10.

On connaît plusieurs variétés de cette médaille, qui ne diffèrent de la pré- cédente que par les monogrammes et les sigles qui se remarquent au re- vers des pièces.

Tête de Tigrane, à droite, coiffée de la tiare. Grenetis.

℞ ΒΑΣΙΛΕΩΣ   Femme tourellée assise sur un rocher, à gauche, ΤΙΓΡΑΝΟΥ   tenant de la main droite une palme, et de la gauche une corne d'abondance; à ses pieds, un fleuve na- geant. Grenetis.

Cuivre. — Pl. II, n° 7.

Cab. de France.

Tête de Tigrane, à droite, coiffée de la tiare constellée. Grenetis.

℞ ΒΑΣΙΛΕΩΣ   Femme tourellée assise sur un rocher, à droite,
ΤΙΓΡΑΝΟΥ   tenant de la main droite une palme, et ayant le pied
                 sur un fleuve nageant.

Cuivre. — Pl.II, n° 8.

Cab. de France.

Tête de Tigrane, à droite, coiffée de la tiare. Grenetis.

℞ ΒΑΣΙΛΕΩΣ   Femme debout, drapée, à gauche, tenant de la
ΤΙΓΡΑΝ[ΟΥ]   main droite une corne d'abondance.

Cuivre. — Pl. II, n° 9.

Cab. de France.

Tête de Tigrane, à droite, coiffée de la tiare.

℞ ΒΑΣΙΛΕΩΣ   Cheval en course, passant à gauche.
ΒΑΣΙΛΕΩΝ
[ΤΙ]ΓΡΑΝ[ΟΥ]
ΘΕΟΥ

Cuivre. — Pl. II, n° 10.

Cab. de France.

ΒΑΣΙΛΕΩΣ ΒΑΣΙΛΕΩΝ. — Tête de Tigrane tournée à gauche, derrière
un arc. Grenetis.

℞ ΜΕΓΑΛΟ[Υ] ΤΙΓΡΑΝΟΥ. — Victoire, passant à droite, tenant une
palme dans la main droite. Dans le champ, ΑΜΣ. (An 241 de l'ère des
Séleucides, = 71 av. J.-C.)

Cuivre. — Pl. II, n° 11.

Cab. de France.

Pellerin, Méd. des peuples et des rois.

Tête de Tigrane, à droite, coiffée de la tiare.

℞ ΒΑΣΙΛΕΩΣ   Femme tourellée assise sur un rocher, à droite,
   ΒΑΣΙΛΕΩΝ   tenant une palme de la main droite ; à ses pieds, un
   ΤΙΓΡΑΝΟΥ   fleuve nageant. Dans le champ, T.

Cuivre.

Sestini, Descr., p. 502, n° 11.

Tête de Tigrane coiffée de la tiare.

℞ ΒΑΣΙΛΕΩΣ   Femme tourellée assise sur un rocher, à gauche,
   ΤΙΓΡΑΝΟΥ   tenant un épi de la droite et une corne d'abondance
                de la gauche. Dans le champ, N.

Cuivre.

Sestini, Descr. du Mus. Hederwar., t. III, p. 20, n° 3.

Tête de Tigrane coiffée de la tiare.

℞ ΒΑΣΙΛΕΩΣ   Femme tourellée assise sur un rocher, la main
   ΤΙΓΡΑΝΟΥ   étendue, et tenant de la main gauche une corne
                d'abondance ; à ses pieds, un fleuve. Dans le
                champ, H.

Cuivre.

Sestini, Descr., p. 502, n° 12.

Tête de Tigrane coiffée de la tiare.

℞ Figure à demi nue, assise sur un rocher et tournée à gauche, ayant
la main droite levée et tenant une corne d'abondance de la main gauche.

Cuivre.

Duane, pl. XXII, n° 9. — Sestini a publié dans sa description, p. 503,
n° 13, une médaille presque semblable qui ne diffère de la précédente que
par le type du revers. Outre la figure assise sur le rocher, on remarque
encore le fleuve nageant, comme sur les tétradrachmes que nous avons
décrits plus haut.

Tête de Tigrane coiffée de la tiare.

℞ Victoire conduisant un bige et tenant une palme à la main droite.

Cuivre.

Sestini, Descr., p. 503, n° 14.

Tête de Tigrane coiffée de la tiare, à droite.

℞ [ΒΑΣΙΛΕΩΣ]   Victoire passant à gauche.
ΤΙΓΡΑΝΟΥ

Cuivre.

Duane, pl. XXII, n° 10. — Sestini a publié (Descr., p. 530, n° 15) une variété de cette médaille : derrière la tête du roi, on remarque un A ; et Haym (Tesor. Brit. I, p. 103, n° 98) en a publié une semblable qui porte au revers la légende ΠΑΡ à l'exergue.

Tête de Tigrane coiffée de la tiare. Derrière A.

℞ ΒΑΣΙΛΕΩΣ   Femme vêtue de la stola, passant à gauche, la
ΤΙΓΡΑΝΟΥ   main droite levée et tenant de la main gauche un
pan de sa stola.

Cuivre.

Duane, pl. XXII, n° 12.

Tête de Tigrane coiffée de la tiare, ornée d'une étoile.

℞ ΒΑΣΙΛΕΩΣ   Hercule nu, debout, la main droite appuyée sur
ΒΑΣΙΛΕΩΝ   sa massue et tenant de la gauche la dépouille du
ΤΙΓΡΑΝΟΥ   lion.

Cuivre.

Combe, Vet. popul. et reg. numism., p. 215, n° 4, pl. XII, fig. 15.

ARTAVAZT.

(55. — Seul, 36 à 34 av. J.-C.)

Tigrane le Grand avait associé son fils Artavazt ou Artabaze à l'empire dès l'année 55, mais il ne lui succéda réellement qu'en 36. Plutarque raconte qu'Artavazt avait des talents littéraires, car il avait composé en grec des tragédies, des discours et des mémoires historiques, dont une partie existait encore de son temps (1). Le règne de ce prince fut très-malheureux ; placé entre les Romains et les Parthes , ni les uns ni les autres n'eurent à se louer de sa loyauté. Mithridate III et Orode Iᵉʳ, lui déclarèrent la guerre (2). Crassus, l'ennemi d'Orode, était mécontent d'Artavazt ; Antoine, de son côté, se crut trahi par ce prince et s'en vengea par une autre trahison. Il s'avança vers lui en ami , l'enleva avec toute sa famille , et l'ayant fait attacher avec une chaîne d'or, il l'offrit en présent à Cléopâtre, reine d'Egypte (3). Artavazt, vaincu et prisonnier, conserva vis-à-vis de l'orgueilleuse souveraine, un maintien dédaigneux dont elle fut si blessée, qu'elle le fit décapiter après la bataille d'Actium, afin qu'Octave, dont on supposait qu'Artavazt avait embrassé la cause contre Antoine, ne pût le rendre à la liberté (4). Ardaschès II ou Artaxias, fils d'Artavazt, parvint à s'échapper de sa prison et occupa quelque temps le trône d'Arménie.

On connaît plusieurs monnaies frappées sous le règne d'Artavazt, mais dont la plus curieuse est assurément une pièce de cuivre offrant les têtes de Tigrane et d'Artavazt accolées. Il est évident que ce monument a été frappé à l'époque de l'association d'Artavazt au trône d'Arménie.

Têtes accolées de Tigrane et d'Artavazt, coiffées de la tiare. La tête de Tigrane est barbue, tandis que celle d'Artavazt est imberbe.

(1) Plutarque, *Vie de Crassus.*
(2) Justin, liv. XLII, ch. 2, 4. — Plutarq., *Crass.*

(3) Moyse de Khorên, liv. II, ch. 23.
(4) Dion Cassius., liv. XLIX, § 41, et liv. LI, § 5.

℟ ΒΑΣΙΛΕΩΣ   La Fortune assise sur un gouvernail, à gauche,
    ΤΙΓΡΑΝΟΥ   ayant la main droite posée sur l'extrémité du gou-
                        vernail, et tenant de la main gauche une corne d'a-
                        bondance.

Cuivre.

Tête d'Artavazt coiffée de la tiare, à droite. Grenetis.

℟ ΒΑΣΙΛΕΩΣ   Quadrige passant à gauche et conduit par un
    ΒΑΣΙΛΕΩΝ   personnage qui tient de la main droite une pe-
   ΑΡΤΑΥΑΣΔΟΥ   tite victoire. Dans le champ, deux monogrammes.

Drachme d'argent. —Pl. III, n° 1.

Mémoires de la société d'archéolog. de Saint-Pétersb., t. III, p. 179-181. Drachme d'Ardavasde par M. de Bartholomei.

Tête d'Artavazt coiffée de la tiare, à droite ; derrière A. Grenetis.

℟ ΒΑΣΙΛΕΩΣ   .   Victoire, à gauche, tenant une couronne et une
    ΒΑΣΙΛΕΩΝ   palme.
   ΑΡΤΑΥΑΣΔ[ΟΥ]

Cuivre. — Pl. III, n° 2.

Cab. de France.

Pellerin, Méd. des rois, pl. XV. — Visconti, Iconogr. grecq., 2ᵉ part., chap. XII, § 7, p. 264, pl. XLV, n° 7.

Tête d'Artavazt coiffée de la tiare. Derrière, une aigle avec une couronne.

℟ ΒΑΣΙΛΕΩΣ   Tête du roi coiffée d'une autre tiare.
    ΒΑΣΙΛΕΩΝ
   ΑΡΤ[ΑΥΑΣΔΟΥ]

Cuivre .

Sestini, Descr. num. vet., p. 491. — Visconti, Icon. grecq., 2ᵉ part., ch. XII, § 7. — Mionnet, Suppl. à la descr. des méd. grecq., p. 726.

ALEXANDRE.

(Vers 33 avant Jésus-Christ.)

Antoine, après avoir livré Artavazt à Cléopâtre qui le fit mourir, et soumis toute l'Arménie, en donna la couronne à un fils qu'il avait eu de la reine d'Egypte et qui s'appelait Alexandre ; mais les Arméniens ne tardèrent pas à chasser cet étranger, dont les historiens nationaux ne font même pas mention. Le royaume d'Alexandre ne comprenait pas toute l'Arménie, car il paraît qu'une portion en avait été donnée par Antoine à Polémon, roi de Pont, tandis qu'il avait fait don des provinces orientales au roi des Mèdes.

Les médailles qui rappellent la conquête de l'Arménie par Antoine nous sont parvenues. Il est vrai qu'elles ne portent pas le nom d'Alexandre, mais la tiare qui figure derrière la tête d'Antoine nous a engagé à ranger ces pièces dans la série arménienne. On sait que les numismatistes classent les monnaies en question dans la suite des monnaies consulaires romaines, à la fin de la famille Antonia (1).

CLEOPATRAE REGINAE REGUM FILIORUM REGUM. — Tête diadémée de Cléopâtre tournée à droite. Dessous, une proue de navire. Grenetis.

℞ ANTONI ARMENIA DEVICTA. — Tête nue de Marc-Antoine, à droite. Derrière, la tiare arméniaque. Grenetis.

Argent. — Pl. III, n° 3.

Cab. de France.

(1) Mionnet, *Descr. des monnaies romaines* ; *Cléopatra reg.*

TIGRANE II.

(Vers l'an 20 av. J.-C.)

Depuis l'époque de la mort d'Artavazt, l'Arménie tomba dans une complète décadence. Les successeurs de Tigrane le Grand, jouets de la politique des Romains ou de celle des Parthes, virent leurs Etats ravagés par ces deux puissances; trop heureux encore quand ils purent conserver, sous la protection de l'une des deux, un trône avili. En effet, par la position des princes arméniens entre les Parthes et les Romains, par le gouvernement intérieur de ce royaume et par sa constitution physique, il leur était impossible d'acquérir une puissance capable de les faire respecter des étrangers et de les mettre en état de repousser leurs attaques. « Ambigua gens ea antiquitùs, dit Tacite (1), hominum ingeniis, et situ « terrarum quo nostris provinciis latè prætenta, penitus ad Mædos por- « rigitur; maximisque imperiis interjecti, et sæpius discordes sunt, « adversus Romanos odio et in Parthum invidia. » Souverains d'un pays assez étendu, mais composé presque entièrement de hautes montagnes et de vallées profondes, ils ne pouvaient que très-difficilement en être entièrement les maîtres, d'abord par les difficultés de terrain, et ensuite parce que la plupart de ces vallées ou cantons étaient possédés par des princes leurs vassaux, qui ne reconnaissaient, qu'autant qu'ils le voulaient, l'autorité du roi, et qui, presque toujours, servaient les projets des étrangers contre leur patrie. Il est vraisemblable que la forme du gouvernement établie dans ces contrées de l'Orient, où les satrapies de chaque canton se perpétuaient souvent dans les familles, et offraient quelque ressemblance avec le régime féodal, était la raison qui faisait prendre aux monarques le titre fastueux de roi des rois ou même de grand roi. Pline nous apprend en effet que les satrapies des Perses et des Parthes portaient le nom de royaumes (2), et Josèphe met dans la même catégorie les satrapes et les toparques ou dynastes (3). Les auteurs arméniens se servent aussi fort

(1) *Ann.*, liv. II, § 56.
(2) Liv. VI, § 16 et 29.

(3) *Antiq. judaïq.*, liv. XII, ch. 3, n° 2.

souvent des titres *Arkh'aïtz Arkh'a*, rois des rois, et de *Medz-Ptechkh'*, grand prince.

Nous savons qu'après la mort d'Artavazt, Artaxias ou Ardaschès, d'abord prisonnier d'Antoine, était venu ensuite chercher un asile chez les Parthes, qui l'aidèrent à reprendre la couronne d'Arménie, après la bataille d'Actium. Ennemi des Romains, Artaxias s'était maintenu sur son trône par la puissance du roi des Parthes; mais lorsque cet appui lui manqua par suite de la conciliation de Phraate avec Auguste, il s'éleva des troubles et des factions contre lui dans le sein même de sa cour, et plusieurs des grands de son royaume demandèrent pour roi Tigrane II, son frère, qui était venu à Rome depuis la mort d'Antoine. Auguste donna aux Arméniens le roi qu'ils demandaient, et Tibère fut chargé de placer Tigrane II sur le trône (1). Un passage du testament d'Auguste, gravé sur le monument d'Ancyre, rapporte cet événement : « Ἀρμενίαν τὴν μείζονα ἀνειρεθέντος τοῦ βασι_ λέως [Ἀρταξία] δυνάμενος. Ἐπαρχείαν ποῖησαι μᾶλλον ἐβουλήτην κατὰ τὰ πάτρια ἡμῶν ἔθη βασιλέιαν Τιγράνη Ἀρτ[αου]άσδου υἱῷ υἱωνῷ δὲ Τιγράνου βασιλέως δ[οῦναι] διὰ Τι- βερίου [Ν]έρωνος, ὃς τότ' ἐμοῦ προγονὸς ἦν (2). » Mais bientôt Tigrane, oubliant les services que l'empereur lui avait rendus, trahit son bienfaiteur et se joignit aux Parthes. Une armée romaine marchait contre lui pour le punir de son ingratitude, quand la mort vint le surprendre.

Tête de Tigrane coiffée de la tiare, à gauche.

℟ ΒΑΣΙΛΕΩΣ Arménien debout, dans le costume du pays et
ΜΕΓΑΛΟΥ tourné à droite, tenant une haste de la main droite
ΤΙΓΡΑΝΟΥ et un arc de la gauche.
ΦΙΛΕΛΛΗΝ[ΟΣ]

Cuivre. — Pl. III, n° 4.

Cab. de France.

Sestini, Mus. Hederv., II, p. 380, n° 1, pl. XIX, p. 15. — Mionnet, Suppl., p. 726.

(1) Suétone; *Tibère*, ch. 9. (2) Bœckh, *Corp. inscr. græc.*, n° 4040, col. IV, lig. 2-7.

Il existe encore une autre médaille de ce prince, conforme à la précédente et qui porte une contremarque arabe (1).

TIGRANE III ET ERATO.

(Vers l'an 12 à 6 av. J.-C., et 3 à 1 av. J.-C.)

Tigrane III, fils et successeur de Tigrane II, avait, suivant l'usage d'Orient, épousé sa sœur Erato (2). Ces deux princes occupèrent ensemble le trône d'Arménie à la mort de leur père. Il est probable que le jeune Tigrane montrait du penchant pour les Parthes, car Rome le détrôna et donna la couronne à Artavazt vers l'an 6 avant Jésus-Christ. Tigrane, avec l'aide des Parthes, se ressaisit quatre ans après du sceptre d'Arménie. Ce fut alors que Caïus César, petit-fils et fils adoptif d'Auguste, passa en Orient pour faire la guerre aux Parthes et soumettre l'Arménie. L'influence des Romains ayant suscité à Tigrane de nouveaux ennemis parmi les peuples barbares qui environnaient ses Etats, il marcha contre eux, mais son expédition fut malheureuse, puisqu'il y aurait perdu la vie : « Τιγράνου ἐκ πολέμου τινὸς βαρβαρικοῦ φθαρέντος (3). » Cet événement eut lieu un an environ avant l'ère chrétienne. Erato quitta alors une couronne qu'elle n'espérait pas conserver, et Caïus, qui était en Asie, donna, en l'an 3 du Christ, pour roi aux Arméniens, Ariobarzane, fils du roi des Mèdes, Artabaze, issu des anciens rois d'Arménie. Ariobarzane vécut peu de temps et laissa la couronne à son fils Artavazt qui ne put se maintenir sur le trône. La table d'Ancyre nous donne sur tous ces événements des détails très-précis : « Καὶ τὸ αὐτὸ [ἔθ]νος ἀφιστάμενον καὶ ἀναπολεμοῦν δαμασθὲν ὑπὸ Γαΐου τοῦ υἱοῦ μου βασιλεῖ Ἀριοβαρζάνει, βασιλέως Μήδων Ἀρταβάζου υἱῷ, παρέδωκα καὶ μετὰ τὸν ἐκείνου θάνατον τῷ υἱῷ αὐτοῦ Ἀρταουάσδῃ (4). » Après la déchéance d'Artavazt, Erato reprit la couronne l'an 15 du Christ, mais les Arméniens, qui se las-

---

(1) *Revue archéol.*, VIIIe année, p. 225.

(2) Tacite, *Ann.*, liv. II, ch. 3, 4. — Dion Cassius, liv. LV, § 11. — *Frag. de Dion*, publ. par Morelli.

(3) Dion Cassius, *Hist. frag.*, publ. par Morelli, fo 78.

(4) Bœckh, C. I. G., no 4040, col. iv, lig. 7-11.

saient d'être gouvernés par une femme, la firent descendre du trône et y placèrent un prince du sang royal d'Arménie, appelé Tigrane, dont la table d'Ancyre fait aussi mention : « Οὗ ἀναιρεθέντος (Artavazt) Τιγράνην, ὃς ἦν ἐκ γένους Ἀρμενίου βασιλικοῦ, εἰς τὴν βασιλείαν ἔπεμψα (1). » C'est à cette époque que Vononès, qu'Artabaze III venait de renverser du trône de Parthie, s'empara de la couronne d'Arménie.

BACIΛEYC BACIΛEωN TIΓPANHC. — Tète de Tigrane coiffée de la tiare, à droite.

℟ EPATω BACIΛEωC TIΓPANOY AΔEΛΦH. — Tète d'Erato, à gauche, ayant les cheveux roulés, et sans diadème.

Cuivre. — Pl. III, n° 5.

Sestini, lett. V, p. 5-18. — Visconti, Icon. gr., suppl., p. 307. — Mionnet, Méd. gr., t. IV, p. 457.

BACIΛEYC MEΓAC NEOC TIΓPANHC. — Tète de Tigrane coiffée de la tiare, à droite.

℟ EPATω BACIΛEωC TIΓPANOY AΔEΛΦII. — Tète d'Erato, à gauche. Cuivre.

Pinkerton, Essay of medals. — Visconti, loc. cit., note 3. — Mionnet, loc. cit., t. IV, p. 457.

On voit figurer dans la riche collection de pierres gravées du cabinet de France, une intaille en grenat-chevé portant un buste de profil, tourné à droite, coiffé de la tiare arméniaque, constellée et diadémé (Cf. Pl. III, n° 6). M. An. Chabouillet a attribué ce monument à Thermusa ou Musa, femme de Phraate IV, roi des Parthes (2). Nous ne nous serions point élevé contre cette attribution, si ce savant lui-même n'avait reconnu, après un nouvel examen, que le monument en question doit représenter les traits

(1) Bœckh, loc. cit., lig. 11-13. (2) Catal. des camées de la Bibl. Imp., p. 198, n° 1384.

d'une princesse arménienne. En effet, la tiare qui se voit sur la tête du personnage ne laisse aucun doute sur sa provenance exclusivement arménienne et diffère, au surplus, de la coiffure de la reine Thermusa, dont plusieurs médailles nous offrent des spécimen (1). De plus, la figure gravée sur l'intaille du cabinet de France ressemble beaucoup à celle de la reine Erato, et les cheveux sont roulés de la même façon sur les deux monuments, tandis que la reine Thermusa, dont les médailles ont reproduit les traits, est coiffée avec des bandeaux et paraît beaucoup plus âgée que la princesse arménienne dont la figure nous est parvenue sur les médailles et l'intaille, conservés dans la collection de la Bibliothèque impériale. Il n'y a donc point de doute maintenant sur l'attribution de cette pierre gravée à la reine Erato, sœur et femme de Tigrane III.

A la suite des campagnes de Tibère et de Caïus en Arménie, Auguste fit frapper à Rome, à son effigie, des monnaies d'or et d'argent, qui rappelaient ces événements. Ces monnaies, qui portent au revers la légende ARMENIA CAPTA, offrent plusieurs variétés de types; sur les pièces d'or on remarque la victoire domptant un taureau, ou bien encore, un sphinx accroupi; et sur les deniers d'argent, figurent les emblèmes du royaume d'Arménie, l'arc, le carquois et la tiare. D'autres deniers d'argent qui rappellent aussi les victoires remportées en Arménie par Tibère et Caïus, ont pour légende ARMENIA CAPTA CÆSAR DIVI F., avec le type de l'Arménie à genoux, ou bien encore ARMENIA RECEPT IMP CÆSAR DIVI F., avec une figure debout. Nous ne nous étendrons pas davantage sur ces médailles qui font partie de la série des monnaies d'Auguste et appartiennent exclusivement à la numismatique romaine.

(1) *Journal des Savants*, 1836. Cf., deuxième suppl. à la notice sur les médailles grecques des rois de la Bactriane et de l'Inde, par Raoul Rochette.

VONONÈS.

(Vers l'an 16 après J.-C.)

Vononès ou Ononès, fils de Phraate, était en otage à Rome, quand les Parthes, qui venaient de tuer Orode II, demandèrent à Auguste l'un des fils de Phraate pour le placer sur le trône (1). L'empereur leur envoya Vononès (2); mais ce prince, doué de grandes qualités, à ce que nous apprend Tacite, déplut aux Parthes, et ses vertus mêmes leur parurent des défauts : « Prompti aditus, obvia comitas, ignotæ Parthis virtutes, nova « vitia (3). » Ils allèrent chercher alors jusque dans la Scythie un autre prince, qui, ayant conservé les antiques traditions de ses ancêtres, ne parut point avec des mœurs romaines, comme un vassal de l'empereur. Ils le trouvèrent dans Artaban qui, marchant contre Vononès avec une armée, se fit battre à la première rencontre. Mais cet insuccès ne découragea pas Artaban; il revint à la charge avec de nouvelles forces, contraignit Vononès à quitter ses Etats et à se retirer dans l'Arménie, qui était alors en désordre et sans chef. Il y fut reconnu pour roi, parce qu'il se flattait de l'espoir que Rome l'y soutiendrait contre son rival qui continuait à le poursuivre. Cependant Tibère, qui venait de succéder à Auguste, refusa de le secourir; alors Vononès, appelé par Silanus Créticus, proconsul de Syrie, vint se réfugier auprès de lui, et bien qu'il fût prisonnier, il n'en conserva pas moins le nom et l'appareil de la majesté royale (4). Sur ces entrefaites, Germanicus, ayant passé en Orient avec toute l'autorité d'un César, revendiqua les droits de Rome sur l'Arménie et força les Parthes à l'évacuer. Voulant ensuite donner un gage de ses intentions pacifiques à Artaban, Germanicus intima à Vononès l'ordre de quitter la Syrie. Le roi détrôné passa en Cilicie avec ses trésors; mais au moment où il allait traverser le Pyrame, il fut assassiné par l'officier romain chargé de sa garde (5).

---

(1) *Table d'Ancyre*, col. VI, lig. 9 et suiv. Cf. Bœckh. C. I. G., n° 4040.
(2) Tacite, *Ann.*, liv. II, ch. 2.
(3) Tacite, *Ann.*, loc. cit.
(4) Tacite, *Ann.*, liv. II, ch. 4.
(5) Tacite, *Ann.*, liv. II, ch. 68.

Les médailles de Vononès qui nous sont parvenues datent du règne de ce prince comme souverain des Parthes ; il ne paraît pas qu'il en ait frappé comme roi d'Arménie, puisque, dès son arrivée dans ce pays, Artaban le poursuivit et l'ayant forcé à abandonner la couronne, il plaça le sceptre d'Arménie entre les mains d'Orode son fils, qui ne le conserva pas long-temps. Il n'est pas probable que les monnaies de fabrique bactrienne qui nous sont parvenues avec le nom d'Ononès, et que Raoul Rochette a publiées dans ses *Notices sur les médailles grecques de la Bactriane et de l'Inde* (1), appartiennent au prince dont nous nous occupons. Leur fabrique, qui diffère essentiellement de celle des monnaies de Vononès frappées en Parthie, fait plutôt supposer qu'elles appartiennent à un roi de la Bactriane d'origine scythique et homonyme du roi des Parthes. Au reste, cette opinion est conforme à celle de Raoul Rochette, qui n'hésite pas à ranger les monnaies à la légende ΒΑΣΙΛΕΩΣ ΒΑΣΙΛΕΩΝ ΜΕΓΑΛΟΥ ΟΝΩΝΟΥ, dans la série des pièces émises par les monarques de la Bactriane; nous nous contenterons donc de décrire ici les deux médailles d'argent qui nous sont parvenues du règne de Vononès, comme roi des Parthes.

ΒΑΣΙΛΕΥΣ ΟΝΩΝΗΣ. — Tête de Vononès ceinte du diadème, à gauche.

℞ ΒΑΣΙΛΕΩΣ ΒΑΣΙΛΑΕΩΝ ΑΡCΑΚΟΥ ΕΥΕΡΓΕΤΟΥ ΔΙΚΑΙΟΥ ΕΠΙΦΑΝΟΥC ΦΙΛΕΛΛΗΝΟC. — Victoire debout à gauche, et tenant une couronne

Tétradrachme d'argent. — Pl. III, n° 7.
Cab. de France.

ΒΑΣΙΛΕΥΣ ΟΝΩΝΗΣ. — Tête de Vononès ceinte du diadème, à gauche.

℞ ΒΑΣΙΛΕΥΣ ΟΝΩΝΗΣ ΝΕΙΚΗΣΑC ΑΡΤΑΒΑΝΟΝ. — Victoire drapée, tournée à droite et tenant une couronne et une palme. Dans le champ, Ā en monogramme.

(1) *Journal des Savants*, 1834-36, 1ᵉʳ suppl., pl. II, 20, p. 27, et 2ᵉ suppl., pl. n° 10, p. 28 et suiv.

Drachme d'argent. — Pl. III, n° 8.

Cab. de France.

La drachme que nous venons de décrire est une de celles dont la légende a une véritable importance historique. Elle rappelle en effet un événement mémorable du règne de Vononès, c'est-à-dire le triomphe qu'il remporta sur Artaban, son compétiteur. La Victoire qui figure sur le revers de cette médaille est expliquée suffisamment par la légende : βασιλευς Ονωνης νεικησας Αρταβανον. On sait que ce succès ne profita pas à Vononès, car il fut contraint par Artaban de quitter ses Etats et d'échanger la couronne de Parthie contre celle d'Arménie, qu'il ne conserva que fort peu de temps.

ARTAXIAS.

(18-34 après J.-C.)

Orode, établi roi d'Arménie par Artaban, son père, depuis la fuite de Vononès, s'était retiré, à ce qu'il paraît, et la couronne d'Arménie était devenue vacante (1). Germanicus la donna à Zénon, deuxième fils de Polémon Ier, roi de Pont et de Pythodoris (2). Dès qu'il fut monté sur le trône, Zénon quitta son nom pour prendre celui d'Artaxias ou Artaxate. On peut croire qu'il vécut jusqu'à l'année 34 de notre ère.

La médaille qui rappelle le couronnement d'Artaxias par Germanicus appartient à la numismatique romaine. Le jeune roi pouvait avoir quinze ans, lorsqu'il fut appelé au trône d'Arménie, car il était né vers l'an 3 ou 4 de J.-C.

GERMANICVS [CÆS]AR T[IB AVG F.]. — Tête nue de Germanicus, à à droite. Grenetis.

(1) Josèphe, *Ant. judaïq.*, liv. XVIII, ch. 5. liv. II, ch. 56.
— Suétone, *Caligul.* I. — Tacite, *Annal.*, (2) Strabon, liv. XII, § 29.

ɪᴅ GERMANIC[VS].   Germanicus debout, tourné à gauche et
   ARTAXIA[S].   s'appuyant sur la haste, couronne Ar-
                         taxias debout devant lui et vu de face.

Argent. — Pl. III, n° 9.

Revue numismatique, 1838, p. 338. Médaille inédite de Germanicus, par M. le duc de Luynes.

Depuis le règne d'Artaxias, l'Arménie fut de nouveau tourmentée par de grandes calamités : une foule de princes arsacides ou autres se succédèrent sur le trône. Cet antique royaume semblait n'être plus que le champ de bataille où les Parthes et les Romains venaient se disputer l'empire de l'Asie. Tous ces événements sont suffisamment connus par les narrations des écrivains grecs et romains (1). On peut lire dans Tacite (2) le récit des brillantes victoires de Corbulon, la puissance de Pharasmane, roi d'Ibérie, l'établissement de son frère Mithridate sur le trône d'Arménie et sa fin malheureuse, les exploits et les revers de Rhadamiste, fils de Pharasmane (3), et enfin l'avénement de Tiridate ou Dertad, fils de Vologèse, roi des Parthes, qui sembla mettre un terme aux malheurs de l'Arménie. On sait que Tiridate fut le premier roi du monde qui, à la prière de saint Grégoire l'Illuminateur, apôtre de l'Arménie, embrassa la religion chrétienne (4).

A partir de l'an 30 environ après l'ère chrétienne, la numismatique de la première branche des Arsacides d'Arménie cesse complétement; car nous ne trouvons aucune monnaie des princes qui précédèrent ou suivi-

---

(1) Josèphe, *Ant. judaïq.* — Tacite, *Ann.* — Florus. — Velleius Paterculus. — Suétone. — Dion Cass. — Orose, *passim.*

(2) *Ann.*, liv. VI, ch. 11-15.

(3) *Ann.*, liv. XII, 43; XIII, 6, 37.

(4) Agathange, *Hist. du règne de Tiridate et de la prédication de saint Grégoire.*

rent Tiridate. Cependant nous lisons dans les historiens orientaux que les
rois d'Arménie n'avaient point tout à fait renoncé au droit de battre monnaie, puisque nous trouvons dans l'histoire de Géorgie (1) que sous les
règnes d'Azorc et d'Asmaël, rois de la troisième dynastie arsacide, qui
régnèrent de l'an 87 à 103 de J.-C., la Géorgie eut sans cesse à lutter
contre les rois d'Arménie. Ardaschès III, fils de Sanadroug, appelé par les
Grecs Exaradès ou Axìradès, ayant vaincu les Géorgiens, leur rendit les
provinces qu'il leur avait enlevées, à la condition que les rois de ce pays
battraient monnaie à son effigie. Quoi qu'il en soit de ce témoignage
historique, les monnaies en question ne sont point parvenues jusqu'à nous.

C'est dans la numismatique romaine que nous trouvons, à de rares intervalles, des pièces ayant trait à l'histoire de l'Arménie. Ainsi, à la suite
des campagnes de Corbulon, Néron fit frapper à Rome des monnaies d'argent à son effigie, et qui portaient au revers une victoire tenant une couronne et une palme, avec la légende ARMENIACVS.

Sous le règne d'Erouant II, vers l'an 60 après Jésus-Christ, les rois
d'Arménie recouvrèrent une partie de l'ancien royaume, c'est-à-dire les
régions au centre desquelles s'élevait la ville d'Armavir. Mais cette indépendance, qu'Erouant semble avoir conquise un instant, ne fut pas de
longue durée. Les Arméniens conservaient, il est vrai, un fantôme d'indépendance, mais les empereurs romains leur donnaient des rois de leur
choix; ainsi, Trajan qui les avait complétement soumis au joug de Rome,
fit frapper des monnaies de bronze à son effigie, au revers desquelles on lit
la légende ARMENIA ET MESOPOTAMIA IN POTESTATEM PR RE-
DACTAE, avec la figure de l'empereur en habit militaire, tenant la haste
et le parazonium, et ayant à ses pieds l'Euphrate, le Tigre et l'Arménie
personnifiés. D'autres médailles, frappées en Orient, étaient destinées à
rappeler aux populations asiatiques la soumission de l'Arménie par Trajan. En voici la description :

ΑΥΤΟΚΡΑΤωΡ ΚΑΙΣ ΤΡΑΙΑΝΟΣ ΓΕΡ ΔΑΚΙ. — Buste lauré de Trajan, à
gauche.

(1) Brosset, *Hist. de Géorgie*, p. 71.

℞ APMENIA. — Trajan, debout, en habit militaire, ayant sur la main droite une petite Victoire placée sur un globe, et devant lui l'Arménie assise au pied d'un trophée.

Cuivre, grand module. — Pl. III, n° 10.

Cab. de France.

Mêmes légende et type.

℞ APMENIA. — L'empereur debout, en habit militaire, couronné par la Victoire et ayant à ses pieds, d'un côté, l'Arménie assise, et de l'autre, des dépouilles.

Cuivre, grand mod. — Pl. III, n° 11.

Cab. de France.

Mionnet, Méd. gr., t. IV, p. 457.

ΑΥΤΟΚΡΑΤωΡ ΑΥΤ ΤΡΑΙΑΝΟC. — Buste lauré de Trajan, à gauche, la poitrine cuirassée.

℞ APMENIA. — L'Arménie éplorée assise à terre, devant un trophée, ayant à côté d'elle l'empereur, debout, vêtu du paludamentum, portant une Victoire sur la main droite et tenant une haste de la gauche.

Cuivre, grand module.

Sestini, Lettr. numism., cont., t. III, p. 58. — Mionnet, suppl., t. VII, p. 727.

L'Arménie, bien que soumise au joug de Rome, sembla recouvrer sous les règnes des successeurs de Trajan, une partie de son indépendance. Antonin et Marc-Aurèle lui donnèrent des rois, puisque nous trouvons, sur quelques médailles qui nous sont parvenues des règnes de ces princes, la preuve du fait que nous avançons. On connaît, en effet, des pièces de bronze, frappées à Rome sous Antonin et qui portent au revers la légende REX ARMENIIS DATVS, avec le type de l'empereur couronnant un roi d'Arménie. Nous savons aussi que, vers l'année 161, Lucius Verus installa sur le trône d'Arménie un prince arsacide du nom de Sohème, après qu'il eut renversé Tigrane VI. Des médailles de bronze, au type de Verus, qui nous sont parvenues ont, au revers, la légende REX ARMENIIS DATVS avec la figure de l'empereur assis sur une estrade, où se trouvent trois personnages debout, tandis qu'au pied de l'estrade, Sohème, dans l'attitude de l'attente, se tient devant l'empereur. Nous devons signaler encore ici les médailles de Marc-Aurèle et de Lucius Verus où le titre d'*Armeniacus* fait partie de la légende, car on sait que ce titre avait été pris par ces deux empereurs à la suite des expéditions qu'ils firent en Arménie, et après la soumission de ce pays (1).

Enfin, nous mentionnerons aussi les médailles frappées à Constantinople, au nom d'Hannibalien, frère de Delmatius et neveu de Constantin le Grand, qui avait reçu de l'empereur, son oncle, le titre de roi de Pont, de Cappadoce et d'Arménie. Ces médailles, dont quelques exemplaires en or et en cuivre nous sont parvenus, ont pour type, outre la figure du prince, un fleuve couché appuyé sur un bâton, et ayant près de lui une urne renversée de laquelle s'échappent des eaux, avec la légende SECVRITAS PVBLICA ou SECVRITAS REIPVBLICÆ. Inutile de dire que ces monnaies font partie de la suite impériale romaine, car on sait qu'Hannibalien, bien qu'il ait porté le titre de roi d'Arménie, n'exerça jamais sa puissance sur les populations arméniennes et qu'il ne fut jamais considéré par celles-ci comme un roi national. Nous savons aussi que les historiens nationaux ne parlent point de lui, car depuis longtemps déjà, les Arméniens avaient perdu leur indépendance, et leur pays avait été annexé aux domaines de l'Empire, dont il formait l'une des frontières orientales.

----

(1) Histor. August., Jul. Capitol., *Aurel. et L. Ver.*

II. — DEUXIÈME BRANCHE

ROIS DE L'OSRHOÉNE.

L'histoire du royaume d'Edesse et de la dynastie des Osrhoéniens est peut-être un des problèmes les plus difficiles que l'antiquité ait légué à la science moderne le soin de résoudre. Quatre sources principales, qui ont chacune une véritable importance historique, sont tellement en désaccord les unes avec les autres que, jusqu'à présent, les savants qui se sont occupés de cette question n'ont pu parvenir à trancher la difficulté, en cherchant à les concilier entre elles.

Les chroniques syriaques, et particulièrement la chronique anonyme d'Edesse, rédigée vers le sixième siècle de notre ère (1), ainsi que celle du patriarche jacobite Denys de Thelmar, écrite vers le milieu du huitième siècle (2), et qui ont été composées, selon toute vraisemblance, avec l'aide de chroniques plus anciennes et aujourd'hui perdues, donnent une liste assez considérable de princes osrhoéniens qui se seraient succédé, sans interruption, sur le trône d'Edesse, pendant plus de trois siècles.

La première de ces chroniques est moins explicite que celle de Denys ; l'auteur a employé, pour fixer la date des événements qu'il raconte, l'ère des Séleucides, dont le point initial est le 1ᵉʳ octobre de la 312ᵉ année avant J.-C., tandis que Denys s'est servi de l'ère d'Abraham, qui date du 1ᵉʳ octobre 2016 avant l'ère chrétienne. Rien n'est plus facile que de ramener ces deux dates aux années antérieures à notre ère ; toutefois, nous remarquons, dans la chronique de Denys, des erreurs chronologiques qui causent un véritable embarras. Le savant Bayer (3) a reconnu plusieurs des erreurs commises par le patriarche jacobite, et il a dressé une table des années de la période Julienne, de celles avant et après Jésus-Christ, des Olympiades et de l'ère des Séleucides, comparées avec celles d'Abraham, dont Denys s'est servi dans sa chronique.

Les sources grecques et latines relatives au royaume d'Edesse ne sont

---

(1) Assémani, *Bibl. orient.*, t. 1, p. 338.
(2) Id., t. 1, p. 417 et suiv.

(3) *Historia Osrhoëna*, liv. I, p. 42-43.

pas très-considérables ; les détails que nous trouvons dans les classiques sont épars dans leurs récits, et il est bien difficile de les relier entre eux ; c'est une chaîne rompue en beaucoup d'endroits et dont les anneaux sont perdus pour la plupart. Le peu de renseignements que nous fournissent les Grecs et les Latins, sont loin aussi de cadrer avec les détails contenus dans les chroniques syriennes, et l'on est tenté de croire, en comparant entre elles ces deux sources, qu'il y a eu, de la part des Grecs et des Latins, confusion de personnes et de faits.

Une autre source, qui a une véritable importance historique, est celle qui nous est fournie par les auteurs arméniens. En effet, ceux-ci revendiquent, à juste titre, le royaume d'Edesse en faveur de leur histoire, parce qu'il fut quelque temps gouverné par des princes d'une branche de la dynastie des Arsacides. La version des auteurs arméniens offre bien, à de rares intervalles, des points de contact assez frappants avec les récits des Grecs et des Latins, ce qui serait, pour nous, la preuve évidente des emprunts que la littérature historique arménienne aurait faits aux sources grecques et latines, dans les premiers siècles de notre ère. Toutefois, les données qui nous sont fournies par les Arméniens diffèrent aussi beaucoup des renseignements contenus dans les classiques, mais, ce qui étonnera davantage encore, c'est de voir le peu d'harmonie qui règne entre les historiens arméniens et les chroniqueurs syriens. Ainsi, par exemple, les Arméniens qui ont dû recourir aux mêmes sources que les Syriens, pour écrire l'histoire d'Edesse, n'ont point attaché la même importance aux événements qui se sont accomplis dans l'Osrhoène, avant la venue de l'Abgar, contemporain du Christ. Les Arméniens passent sous silence toute la période de temps qui s'écoula entre la venue d'Osrhoès à Edesse et l'avénement d'Abgar, tandis qu'au contraire les Syriens mentionnent chacun des règnes des princes qui succédèrent au fondateur de la dynastie osrhoénienne. Il est donc probable, comme nous le verrons plus loin, qu'avant l'Abgar, que la tradition nous dit avoir correspondu par lettre avec le Christ (1), les rois d'Arménie exerçaient sur les dynastes osrhoéniens une

(1) Moyse de Khorèn, liv. II, ch. 31-32.

sorte de suprématie, et qu'ils possédaient la ville d'Edesse, où plus tard Abgar transporta sa résidence, après avoir quitté Medzpin, et s'implanta en quelque sorte sur une dynastie étrangère, qui avait cessé de régner, par le fait même de l'installation du roi arménien dans la nouvelle capitale qu'il s'était choisie.

La quatrième source de l'histoire d'Edesse, celle qui nous offre le plus de garantie, est la numismatique de l'Osrhoène. Les médailles frappées par les rois de cette contrée sont des témoins d'une irrécusable authenticité, et leur témoignage confirme ou détruit les récits des Syriens, des Grecs, des Latins et des Arméniens. Ces médailles offrent une particularité dont la numismatique fournit du reste de nombreux exemples, c'est qu'elles portent deux effigies, celle du roi osrhoénien d'une part, et, de l'autre, celle de l'empereur romain, son contemporain. De cette manière, l'attribution n'est pas douteuse, et la date de la fabrication des pièces se trouve fixée d'une manière évidente.

Nous n'examinerons pas ici, dans ses détails, l'histoire d'Edesse, notre but étant seulement de faire connaître les monuments monétaires frappés pendant la durée de la deuxième branche de la dynastie arsacide. Disons cependant que les premiers dynastes osrhoéniens, prédécesseurs de l'Abgar, contemporain du Christ, étaient placés dans une sorte de dépendance et de vassalité vis-à-vis des rois d'Arménie, car, nous ne connaissons aucune médaille de ces princes, et l'on peut dès lors supposer qu'ils ne jouissaient pas de tous les droits régaliens. Quand Abgar se fut installé à Edesse, après avoir quitté Medzpin, il y transporta sa cour (1), et Edesse, devenue dès lors la capitale de l'Arménie méridionale, acquit un nouveau lustre. Les rois osrhoéniens jouissaient d'une indépendance parfaite, quoique placés entre l'empire des Parthes et celui des Romains. Pendant quelque temps, les successeurs d'Abgar, grâce à une politique habile, surent se maintenir indépendants entre les deux grands peuples, mais bientôt leur puisssance fut menacée, et, bien qu'ils aient conservé, en apparence,

(1) Vartan, *Hist. univ.*, ms. de l acad. de Khorèn, liv. II, ch. 27. imp. de Saint-Pétersb., mus. asiat. — Moyse

tous les dehors de la puissance souveraine et un semblant de pouvoir absolu, ils n'en étaient pas moins de fait les vassaux de Rome. L'effigie des empereurs romains leurs contemporains, sur les médailles qu'ils faisaient frapper à Edesse, en est la meilleure preuve ; cependant, quelques historiens (1) et les médailles tendent bien à nous montrer que les princes osrhoéniens avaient le titre de rois ; mais d'autres auteurs (2) nous apprennent qu'ils n'étaient, à proprement parler, que des *phylarques*. Suidas, par exemple, le dit positivement : « Ὁ δυνάστης ξυμβάλλει Τραϊανῷ περὶ Ακβάρου, ὃς ἦν Οσροήνης χώρας δυνάστης, ὅυσπερ φυλάρχας ονομάζουσιν ἐκεῖνοι, ὅτε καὶ τὰ χορία αὐτων φύλαι ὀνομάζονται. » Les autres historiens ne sont pas d'accord sur les titres qu'ils donnent aux souverains d'Edesse ; Eusèbe les appelle *toparques*, ainsi que Cédrenus et Constantin Porphyrogénète ; Epiphane leur donne le nom de *dynastes*, et Dion (3) ne leur accorde que le titre d'*archontes*.

On trouve, dans les écrivains syriaques (4), un titre qui pourrait bien avoir été donné aux princes osrhoéniens, c'est le mot ܐܒܐ, *aboïo* ; mais on ne saurait dire au juste s'il s'applique, plutôt aux rois d'Edesse, qu'aux patriciens de la ville.

En présence des sources si contradictoires de l'histoire d'Edesse, à l'époque de la dynastie osrhoénienne, l'historien dont la mission est de faire revivre les annales du passé dant toute leur vérité, éprouve un véritable embarras. D'une part, les chroniques nationales, qui devraient lui inspirer le plus de confiance, se trouvent non-seulement en désaccord avec les données que fournissent les Grecs et les Latins, mais encore elles sont loin de concorder avec les monuments numismatiques. Nous n'avons pas assurément la prétention de trancher la difficulté, mais nous ferons remarquer qu'en présence des sources si différentes et des faits si controversés de l'histoire d'Edesse, nous avons dû, tout en faisant usage des renseignements qui nous étaient fournis par les Syriens, les Grecs, les Latins, les Arméniens et les médailles, nous en rapporter de préférence aux écrivains na-

(1) Eusèbe, *Hist. eccl.*, liv. I, ch. 13. — Zonare, t. I, p. 613.

(2) Appien, *passim*. — L'anonyme, auteur de *la Vie de Trajan.*

(3) *Excerpta.*

(4) Trad. de l'apologie de Méliton.

tionaux qui méritent le plus de confiance, et aux monuments numismatiques qui existent en assez grand nombre dans les collections.

Nous allons dresser, d'après la chronique de Denys, la succession des rois osrhoéniens, en indiquant les dates de chaque règne. On verra tout d'abord que quatorze princes d'origine sémitique, se succédèrent sans interruption jusqu'à la venue de l'Abgar, contemporain du Christ, qui, s'étant installé à Edesse, continua, pour ainsi dire, la dynastie osrhoénienne, bien qu'il fût Arménien et d'origine arsacide. A partir du règne de cet Abgar, jusqu'à la réduction définitive du royaume d'Edesse en province romaine après Gordien III, la dynastie osrhoénienne fut continuée par quinze souverains dont les uns, et principalement les premiers, étaient assurément Arméniens, tandis que d'autres semblent appartenir à une autre nationalité ; les noms de Parnataspat et de Val, fils de Sahar, semblent appuyer cette opinion. Ne pourrait-on pas supposer, dès lors, que le trône, ou plutôt le gouvernement de l'Osrhoène, avait, à partir des premiers successeurs de l'Abgar, contemporain du Christ, cessé d'être héréditaire, et que les empereurs s'étaient réservé le droit de nommer, à leur choix, les souverains ou toparques d'Edesse? Nous n'avons à cet égard, il est vrai, aucune donnée précise, et ce n'est que par induction, que nous soumettons notre opinion à l'appréciation des savants.

La succession des dynastes osrhoéniens est ainsi fixée par Denys de Thelmar dans sa chronique :

1. *Osrhoës*, 137 — 132 av. J.-C.
2. *Abdou*, fils de Mazour, 132 — 125.
3. *Paradest*, fils de Gabaraou, 125 — 120.
4. *Bakrou Ier*, fils de Paradest, 120 — 117.
5. *Bakrou II*, fils de Bakrou Ier, 117 — 99.
6. *Maanou* (*Mannus Ier*), 99.
7. *Abgar Ier*, *Phica*, 99 — 97 avec Bakrou II. — Seul, 97 — 73.
8. *Abgar, II*, fils d'Abgar Ier, 73 — 57.
9. *Maanou II*, *Allaha* (*Deus*), 57 — 39.
10. *Ph'acouri*, 39 — 34.
11. *Abgar III*, 34 — 31.

12. *Abgar IV, Sumacha*, 31 — 28.

13. *Maanou III, Sapheloul*, 28 avant J.-C. — 2 après J.-C.

14. *Maanou IV*, fils de Maanou III, 2 — 8.

15. *Abgar V, Uchama*, 8 — 45. Quitte Medzpin et vient s'établir à Edesse, au temps du Christ.

16. *Maanou V*, fils d'Abgar V, 45 — 52.

17. *Maanou VI*, fils d'Abgar V, et frère de Maanou V, 52 — 66.

18. *Abgar VI*, fils de Maanou VI, 66 — 86.

19. *Abgar VII*, fils d'Aiazt, 86 — 94.

20. *Parnataspat I*^er, 94 — 98.

21. *Parnataspat II*, 98.

22. *Maanou VII*, fils de Aiazt, 99 — 116.

23. *Maanou VIII*, fils de Maanou VII, 116 — 139.

24. *Val*, fils de Sahar, 139 — 141.

25. *Maanou VIII*, de nouveau, 141 — 153.

26. *Abgar VIII*, fils de Maanou VIII, 153 — 188.

27. *Abgar IX, Sévère*, 188 — 190.

28. *Maanou IX*, fils d'Abgar IX, 190 — 200.

29. *Abgar X*, fils de Maanou IX, 200 — 224.

30. *Abgar XI* (inconnu dans l'histoire, contemporain de Gordien III, le Pieux), vers 240.

A l'époque des troubles de la Syrie et des guerres des Séleucides avec les Parthes, les peuples qui habitaient le pays d'Edesse, et que les anciens considéraient comme des Arabes, se révoltèrent sous la conduite d'un certain Osrhoès ou Chosroès, qui donna son nom à la région sur laquelle il établit son autorité (1). La fondation de cet État paraît avoir eu lieu vers la 137ᵉ année avant J.-C. Il paraît que, pour mieux assurer leur indépendance, Osrhoès et ses successeurs s'attachèrent aux Arsacides de Parthie ; mais les

(1) Denys de Thelmar, *Chron. Edess.* Cf. Assemani, *Bibl. orient.*, t. I, p. 417, 1. — Procope, *Bell. pers.*, liv. I, ch. 17. — Suidas, v° *Osrhoès*.

guerres que ceux-ci eurent à soutenir contre les Romains , les obligèrent à feindre sans cesse de servir Rome , tandis qu'ils la trahissaient en toute occasion. Trajan subjugua la Mésopotamie, la réduisit en province romaine, et détrôna ces dynastes qui l'avaient trompé. Mais Adrien, pour éviter de nouvelles guerres, ayant renoncé à la possession des pays conquis par son prédécesseur, et s'étant contenté de retenir quelques places fortes sur cette frontière, rendit aux princes osrhoéniens le gouvernement de leurs États. Ainsi, ce royaume, situé entre l'empire romain et celui des Parthes, et trop faible pour entrer en lice avec l'un ou avec l'autre, était, entre les deux puissances rivales, comme une barrière qui les empêchait de s'entre-choquer. On peut supposer que les rois osrhoéniens se considéraient, après les conquêtes de Trajan, comme les vassaux de Rome, puisque, sur les médailles de ces princes qui nous sont parvenues, on voit figurer toujours sur un des côtés de la pièce l'effigie de l'empereur leur contemporain. La série des monnaies de l'Osrhoène se continue, sauf quelques lacunes, jusqu'à l'époque de Gordien III , qui, à l'exemple d'Adrien, avait rendu aux dynastes d'Edesse leur royaume, que Caracalla avait réduit en province romaine. Mais, à partir du règne du successeur de Gordien III, et peut-être même pendant les dernières années de la vie de cet empereur, Edesse avait été de nouveau réduite à l'état de colonie, car nous voyons que les monnaies de cette ville, frappées sous les successeurs immédiats de ce prince, portent la légende KOΛ. EΔECCA, avec la figure de la ville coiffée d'une couronne murale (1).

Nous venons de dire que la capitale de l'Osrhoène était Edesse, et nous savons que, pendant toute la durée de la dynastie des Abgar, cette ville fut la résidence de ces princes. L'histoire nous apprend que Abgar Uchama, ayant quitté le séjour de Medzpin, sa capitale (2), se transporta avec sa cour à Edesse, qu'avait reconstruite Séleucus Nicator. Ce prince, séduit par la ressemblance de sa situation avec celle d'Edesse de Macédoine,

---

(1) Bayer, *Hist. osrhoén.*, liv. IV, p. 181 et suiv. — Mionnet, *Méd. gr.*, t. V, et *suppl.*, t. VIII, vᵉ Edesse.

(2) Moyse de Khorên, liv. II, ch. 27. — Vartan, *Hist. univ.*, ms. du mus. asiat. de l'acad. imp. de Saint-Pétersbg.

lui avait donné le nom d'Edesse (1). Mais, avant sa reconstruction par le roi séleucide, Edesse portait le nom d'Ourrha, et c'est sous cette dénomination qu'elle est mentionnée par Moyse de Khorên (2) et par Vartan (3). Le nom d'Ourrha, ou plutôt le territoire de cette ville, est cité dans l'inscription assyrienne de Behistoun (4) sous le nom de pays d'*Ouraasta :* 𒀭𒈜𒄑𒌋𒀀𒆠, que les traducteurs ont rendu par ces mots : « *Le pays d'Arménie.* » Les anciens ont donc pu transporter le nom de l'Arménie à la ville d'Edesse, comme aujourd'hui les Juifs ont donné à la ville de Mossoul, le nom d'Achour, אשׁור, et à la ville de Bagdad, celui de Bâbel, comme aussi les Grecs ont nommé Persépolis, la ville d'Istachar. Il paraît qu'Edesse porta aussi, pendant quelque temps, le nom d'Antioche, près de Kalliroè, pour la distinguer des autres villes du même nom (5). Etienne de Byzance l'appelle Ἀντιόχεια ἐπὶ Καλλιῤῥόης ou πρὸς Καλλιρόην (6). Au moyen âge, elle reprit son ancien nom d'Edesse, en arabe رها, que les chroniqueurs lui donnent avec des variantes, comme Rohaïs, Roaïs, Rohas, Rhagès, Ragès, Roaes, Rhasia, Roase, etc. (7).

L'histoire des dynastes osrhoéniens présente un phénomène curieux et qu'il est difficile d'expliquer, à cause du silence que les historiens orientaux et occidentaux ont gardé sur un événement qui, cependant, a dû avoir de l'importance à l'époque où il s'est accompli. Nous avons vu qu'Osrhoès se déclara indépendant à Édesse, et nous savons, en outre, que ce personnage, d'origine parthe ou persane, eut pour successeurs des princes

(1) Étienne de Byzance, *De urb. et pop.*, vᵒ Ἔδεσσα. — Eusèbe, *Hist. ecclésiast.* — Ammien Marcellin, liv. XIV, ch. 8. — Appien.

(2) Liv. II, ch. 10.

(3) *Géograph.*, Cf. Saint-Martin, *Mém. sur l'Armén.*, t. II, p. 430.

(4) *Rec. de la soc. asiat. de Londres*, t. XIV, part. 1; *Memoir of the Babylonian and Assyrian inscript. by Cᴸ Rawlinson.* — Journal asiat., 1854, *Inscript. de Behistoun*,

par F. de Saulcy, p. 134, lig. 49, 53, 96. — Oppert., *Expéd. de Mésopotamie*, t. II, liv. I, ch. 4, p. 18.

(5) Pline, liv. V, ch. 24.

(6) Étienne de Byzance, vᵒ Ἀντιόχεια.

(7) Le Moine Ayton, Foucher de Chartres, Albert d'Aix, Guill. de Tyr., Albéric des Trois-Fontaines, Jacques de Vitry, Notitia ecclésiast., etc.

de sa race, ou bien encore des Arabes, puisque le pays, sur lequel il avait établi son autorité, était en grande partie composé de populations sémitiques. L'histoire d'Arménie ne dit absolument rien de ces princes qui lui sont étrangers, et il faut recourir aux chroniques syriaques, rédigées aux sixième et huitième siècles, d'après des documents plus anciens, pour avoir, sur ces dynastes, des détails que l'on chercherait vainement ailleurs.

Les noms des premiers princes osrhoéniens ont presque tous une origine sémitique; ce sont, par exemple : *Abdou-bar-Mazour*, ܚܒܘ ܒܪ ܡܐܠܚܘܪ, dont la forme arabe est ابك بن مازور, *Bakrou*, ܚܒܪܗ, en arabe بكر, *Maanou*, ܡܐܢܘ, en arabe, معن, etc.

Dès que l'on est arrivé à l'époque de la naissance du Christ, l'histoire d'Arménie, par une brusque transition à laquelle rien ne nous a préparé, nous fait connaître qu'un descendant de Tigrane le Grand, Arscham ou Arsame, fils d'Artachès, étant monté sur le trône d'Arménie en 33 avant J.-C., eut de longs démêlés avec Hérode, roi des Juifs, et mourut après trente ans de règne (1). Apkar ou Abgar, son fils, lui succéda trois ans av. la naissance du Christ, et, s'étant brouillé avec les Romains, il s'avança contre eux du côté de la Syrie. Il paraît qu'Edesse était soumise à sa domination, car nous voyons qu'il entretenait dans cette ville une garnison qui était son armée d'observation, et qui, précédemment, servait de poste avancé sur l'Euphrate contre les agressions de Cassius (2). Ce qui déroute les recherches de l'historien, c'est que les écrivains arméniens et syriens, non plus que les Occidentaux, ne nous apprennent pas dans quels rapports de suggestion les rois osrhoéniens se trouvaient avec les rois d'Arménie, à l'époque qui précéda la venue d'Abgar à Edesse. Tout ce que nous savons d'une manière à peu près certaine, c'est qu'Abgar, au dire des historiens arméniens, transporta de Medzpin à Edesse sa capitale. Les chroniqueurs syriens, sans entrer sur ce sujet dans aucun détail, racontent qu'Abgar Uchama, l'Apkar des Arméniens, contemporain du Christ, succéda à Maanou, fils de Maanou, qui ne paraît avoir été renversé du trône, ni par violence, ni par suite d'une guerre.

(1) Moyse de Khorèn, liv. II, ch. 26.   (2) Moyse de Kh., liv. II, ch. 27.

Comment la fusion des deux dynasties osrhoénienne et arsacide s'opérat-elle? Tel est le problème que l'histoire d'Arménie et les chroniques syriennes, muettes sur ce point, ne nous permettent pas de résoudre. Tout ce qu'il nous est permis de conjecturer, c'est que les Arsacides d'Arménie avaient, sous leur dépendance, les rois ou toparques de l'Osrhoène, et qu'à un moment donné, Abgar ayant changé de capitale, continua la série de ces dynastes persans ou arabes, sans qu'il y ait eu d'événement important pour cela, puisque l'histoire ne parle pas des guerres ou des querelles qui auraient pu surgir à cette époque, entre les dynastes d'Edesse dépossédés et les monarques arméniens usurpateurs. Cette supposition nous montre donc une branche de la famille royale d'Arménie, issue du sang des Arsacides, venant s'implanter sur une autre famille d'origine différente, sans guerre, sans conflit et sans bruit, et continuant la série des règnes précédents, dont elle subit vraisemblablement l'influence, puisque les chroniques syriennes la considèrent comme nationale et que les annalistes arméniens la regardent aussi comme une dynastie issue des Arsacides.

Les faits étant ainsi exposés, n'est-il pas étonnant de voir des Arméniens, quitter leurs appellations habituelles, pour prendre des noms empruntés au langage des populations au sein desquelles ils venaient s'établir, sans doute pour ne pas blesser la susceptibilité de la race prédominante qui subissait leur domination ; dès lors, n'est-il pas permis de supposer que ce nom d'Abgar, que nous voyons porté presque constamment par les Arsacides de la deuxième branche, et qui était assez fréquent chez les premiers monarques de l'Osrhoène, devint le nom générique des successeurs de l'Abgar arménien, puisque dans les auteurs occidentaux et sur les médailles, ce nom, presque à l'exclusion de tout autre, est donné à tous les rois d'Edesse?

Cette supposition nous conduit tout naturellement à examiner la question relative aux noms d'Abgar et de Mannus, noms qui étaient portés par la plupart des rois ou toparques d'Edesse, dont la liste nous est fournie par les chroniques syriennes (1).

(1) *Chronique d'Edesse*, dans Assemani, de Thelmar, id., p. 417. *Bibliothèque orientale*, t. I, p. 387 ; et Denys

Nous venons de dire, il n'y a qu'un instant, que le nom d'Abgar paraît
avoir été le nom générique, l'appellation habituelle, que les anciens donnaient aux rois d'Edesse. En syriaque, le nom d'Abgar, اﺟر, signifie
boiteux (1). Les auteurs grecs et latins qui parlent des *Abgar*, ont souvent
altéré ce nom sous les formes *Augarus* (2), *Abagarus* (3), *Abbar* (4), *Ag-
bar* (5), *Acbar* (6), qui sont des variantes du nom d'Abgar (7). En altérant
la forme syriaque du nom d'Abgar, Spanheim (8) avait été amené à croire
que la forme اﺟر n'était autre chose que le comparatif arabe, اﻛﺑر, ce qui
est une erreur, car, à l'époque des Osrhoéniens, l'arabe n'était point usité
à Edesse, mais le syriaque était la seule langue de la contrée.

Toutefois, on ne peut nier la forme essentiellement sémitique du nom
d'Abgar, et, partant de ce principe, on peut affirmer que les dynastes osrhoéniens, qui gouvernaient une contrée presque entièrement composée de
populations sémitiques, avaient reçu d'elles un nom qui avait fini par être
admis, comme une appellation générique, par tous les peuples qui étaient
en relation avec Edesse.

Les Arméniens, qui considéraient avec juste raison les rois de l'Osrhoène comme des Arsacides, font descendre l'Abgar, contemporain du
Christ, le quinzième dynaste osrhoénien, selon la chronique de Denys de
Thelmar (9), de Tigrane le Grand, par Ardaschès et Arscham; aussi n'est-
il pas étonnant de voir les écrivains arméniens chercher à faire dériver le
nom d'Abgar, Աբգար, des deux mots arméniens Աւագ այր, *homme grand*,
dont il serait la contraction. Moyse de Khorên, qui donne cette explication,
rapporte ainsi cette étymologie, dans son *Histoire d'Arménie* (10) : Այս
Աբգարէս կոչէր աւագ այր՝ վասն առաւել Հեզութեանն և խստութեանն · որում յետոյ
և տքէն · զայս ոչ կարելով ուղղախովսել Յունաց և Ասորւոց, կոչեցին Աբգարոս ։
« Cet Abgar est appelé *Avak Aïr*, à cause de sa grande douceur et de sa

---

(1) Assemani, t. I, p. 261, note 1.

(2) Dion, liv. 77-79. — Zonaras, Cedrenus,
saint Epiph. *her.*, 56. — Hérodien, *Alex. Sev.*

(3) Galanus, *Conciliat. eccl. Arm. cum ro-
man.*, part. i, p. 9.

(4) Tacite, *pass.*

(5) Dion et Evagr, *Schol.*

(6) Appien, *Syr.*

(7) Suidas, v° *Abgar*.

(8) *De usu et prast. num.*, liv. II, p. 86.

(9) Assémani, t. I, p. 420.

(10) Liv. II, ch. 26.

sagesse, et de plus à cause de sa taille. Ne pouvant bien prononcer son nom, les Grecs et les Syriens l'appelèrent Abgar. » Cette conjecture de l'historien arménien, tout ingénieuse qu'elle paraisse au premier abord, n'est cependant point admissible, parce qu'elle est contraire à toutes les règles admises en philologie.

Dans la liste des dynastes osrhoéniens, on trouve, outre les Abgar, d'autres princes portant des noms qui semblent se rapprocher assez de celui d'Abgar, et, au premier abord, on est séduit par leur ressemblance; ainsi, par exemple, les noms de ܒܟܪܘ, *Bakrou*, et de ܦܩܘܪܝ, *Ph'acouri*, offrent, sinon une assonance frappante, du moins une analogie que l'on ne saurait nier. Le nom ܦܩܘܪܝ entre autres, que l'on retrouve en arménien sous la forme ՊապկորոՆ (1), offre une ressemblance évidente avec le nom d'Ար̄աբ, si l'on applique ici la loi de permutation de lettres si commune dans les langues sémitiques. Le nom propre *Bakrou* passa en Occident à l'époque des guerres de Parthie, et on le trouve sous la forme *Pacorus*, dans beaucoup d'inscriptions qui nous sont parvenues (2).

Nous n'avons pas la prétention de chercher à ramener à une même origine les trois noms ܐܒܓܪ, ܒܟܪܘ et ܦܩܘܪܝ; cependant il ne serait pas impossible d'admettre que les noms d'Abgar et de Ph'acouri ont, l'un avec l'autre, une certaine ressemblance. Quant au nom de ܒܟܪܘ, son correspondant existe dans la langue arabe sous la forme بكر, *bek'r*.

De ce qui précède, résulte-t-il qu'on soit autorisé à penser que les dynastes osrhoéniens aient été des princes de race arabe, comme les Odheyna, ادينة (Odenath) et les Ouaballah, وهب الله (Vaballath), de Palmyre, les Hâreth, حارث (Arétas) de Pétra et de la dynastie d'Emèse? Assurément les présomptions sont grandes, et nous ne pouvons nous empêcher de remarquer avec M. Er. Renan (3) que la plupart des noms fournis par l'histoire et les monuments durant les premiers siècles de notre ère dans la Syrie et la Mésopotamie, où pourtant le syriaque resta toujours la langue

---

(1) Moyse de Khorèn, liv. II, ch. 9.

(2) Boissard, *Ant. rom.*, 4ᵉ part., p. 127, 130; et Grüter, p. 226, 8 et 1033, 5.

(3) *Bulletin archéol. français*, 1856. *Sur quelques noms arabes.*

nationale, présentent une physionomie purement arabe. Il n'y a donc rien d'étonnant de supposer qu'une dynastie arménienne ait adopté des appellations purement sémitiques, dans un pays où l'influence arabe était prédominante.

Quoi qu'il en soit, les noms d'Abgar et de Mannus sont les seuls que nous voyons figurer sur les médailles qui nous sont parvenues des rois de l'Osrhoène.

Le nom d'Abgar, que les Grecs ont transcrit par Αϐγαρος, et que nous retrouvons sous cette forme sur les médailles et dans la plupart des textes, offre quelques variantes qui viendraient encore appuyer l'opinion que j'ai émise au sujet de l'affinité des deux noms Abgar et Ph'acouri. Les Arméniens, et particulièrement Moyse de Khorên, qui a fait, comme on le sait, un grand usage des sources grecques, a adopté la forme hellénique Աբգարու, laquelle se retrouve avec une variante Αϐχορος, sur une inscription recueillie dans l'Auranitide, en 1853, par M. Porter (1), et dont M. Renan a, le premier, proposé l'affinité avec le signe du doute (2).

La forme syriaque du nom de Mannus, que l'on trouve aussi sur quelques médailles de l'Osrhoène, est *Maanou*, ܡܥܢܘ, qui a son correspondant en arabe, dans la transcription معنو pour معن. On trouve le nom de Maanou ou Mannus, sous la forme Μάννος et Μάνος, sur d'autres médailles et dans deux inscriptions dont l'une, qui est bilingue, existe sur le château dit de Nemrod, situé à peu de distance d'Edesse (3) :

AMCHCCA ΕΔΟΥ TOYMANNOY ΓΥΝΗ.

L'autre inscription portant le nom de Mannus ou plutôt Manus, a été publiée par M. T. D. Woolsey, et provient de l'exploration de l'Auranitide, par M. Porter (4) :

(1) *Journal of the Amer. orient. society*, t. V, n° 1 ; *inscr.*, n° 12, lig. 5, p. 186.

(2) *Sur quelques noms arabes*, p. 8.

(3) Moltke *Briefe über Zustande in der Turkei cet.*, p. 343. — Bœckh, *Corp. inscr. græc.*, t. III, p. 276, n° 4670.

(4) *Journal of the American oriental society*, 1855, t. V, n° 1, inscr. n° 2, p. 183.

MANOC ΘAIMOY	Μάνος Θαίμου
KAI ΥΪOI AYTOYE	καὶ υἱοὶ αὐτοῦ ἔ-
ΔωKAN EKTHC	δωκαν ἐκ τῆς
OIKOΔOMK...	οἰκοδομ [ι]κ [ῆς?]
XYAΛCXEIΛ...	χυαλς? χειλ[ί]-
ACKATHNCY	ας (1) κα[ὶ] τὴν Σύ-
PAN EYCEBOYN	ραν εὐσέβουν
EKTO KYPIωN	ἐκ τ[ῶν τῶν] κυρίων (2).

Le nom de Mannus semble avoir été, à Edesse, un nom honorifique, ou bien un nom générique, comme celui d'Abgar, de la même façon que le nom d'Arsace le fut aux rois parthes. Dans l'origine des recherches numismatiques sur l'Osrhoène, les savants avaient cru voir, dans le nom de Mannus, les formes Alannus et Ryonnus, mais Bayer a rétabli la véritable forme de ce nom qui est Mannus ; seulement il a confondu les Mannus d'Edesse avec un autre Mannus qui régnait en Orient, et dont parle Dion Cassius (3). Ce Mannus, au dire de Dion, était phylarque et ses possessions étaient comprises dans une partie de l'Arabie peu éloignée de la Mésopotamie : « Ὁ Μάννος ὁ τῆς Ἀραβίας πλησιοχώρον... φύλαρχος (4). » Il est probable que ce prince était roi des Arabes Atréniens qui occupaient la partie méridionale de la Mésopotamie. Nous savons aussi par certains morceaux épars de Dion et quelques fragments des Parthiques d'Arrien, conservés par Suidas, que Trajan fit la guerre aux Atréniens et qu'il soumit, après un grand nombre de combats, un prince nommé Mannus, lequel régnait dans ces régions, et ne peut, en aucune façon, être confondu avec l'un des rois osrhoéniens.

Revenons à l'histoire d'Edesse. A la mort d'Abgar Uchama, le royaume de l'Osrhoène fut partagé en deux parties : Maanou, appelé aussi Anané ou Ananoun, fils de ce prince, gouverna Edesse, et Sanadroug, fils de sa sœur, hérita de la portion de l'Arménie et de l'Adiabène que sa famille avait eu en apanage.

(1) Pour χυλίας.

(2) On trouve la forme ἐκ τῶν τοῦ κυρίου, dans Bœckh, C. I. G., n° 4323.

(3) Excerpt., l. LXVIII, § 22.

(4) Dion, l. LXVIII.

Aussitôt monté sur le trône, Sanadroug chercha à détruire la race d'Abgar, afin de réunir toute l'Arménie sous sa domination. Aidé par les princes Ardzrouni et Bagratides, ses parents, il marcha contre Edesse dont il s'empara, et fit mourir la famille et la postérité d'Abgar, à l'exception de quelques princes qui se réfugièrent à Jérusalem. Sanadroug fit ensuite rebâtir Medzpin (Nisibe), qui avait été renversée par un tremblement de terre, puis, il l'orna de palais et de monuments magnifiques (1) : « Il fit élever, dit Moyse de Khorên, au milieu de la ville qu'il avait reconstruite (Medzpin), sa statue tenant à la main une pièce de monnaie, ce qui signifiait : Tous mes trésors ont été dépensés à reconstruire cette ville, et il ne m'est plus resté que cette seule pièce de monnaie. »

Erouant, qui avait usurpé la couronne à la mort de Sanadroug, étendit son empire sur toute l'Arménie, après la mort de Tiridate Ier, frère de Vologèse, roi des Parthes. Protégé par les Romains, il n'éprouva aucun dommage sous Vespasius et Titus, moyennant la cession qu'il leur fit de la Mésopotamie et d'Edesse. Privé d'une partie considérable de ses Etats, Erouant transporta sa résidence à Armavir. « Alors, dit Assoghig (2), la domination arménienne cessa dans cette contrée, et le tribut qu'Erouant payait aux Romains fut augmenté. » Moyse de Khorên (3) rapporte, en outre, que des fonctionnaires romains établirent à Edesse des trésoriers chargés de recevoir les impôts perçus sur l'Arménie, la Mésopotamie et l'Assyrie, et qu'ils rassemblèrent aussi, dans cette ville, les archives relatives aux tributs, qui étaient conservées à Sinope.

Cependant, des descendants d'Abgar continuèrent à régner à Edesse (4) jusqu'à l'époque de Gordien III, après le règne duquel le royaume de l'Osrhoène fut définitivement réduit en province, et la capitale de cet Etat devint une colonie romaine.

---

(1) Moyse de Khorên, liv. II, ch. 36.
(2) *Hist. univ.*, 1re part., ch. 5.
(3) Liv. II, ch. 38.

(4) Denys de Thelmar, dans Assemani, t. I, p. 421.

La numismatique de l'Osrhoène ne commençant qu'à partir du règne de Maanou VIII, le Mannus contemporain d'Adrien, nous allons donner ici la concordance des années des règnes des rois d'Edesse et des empereurs romains.

ROIS D'ÉDESSE.	DURÉE DU RÈGNE.	ANNÉES de l'ère D'ABRAHAM.	ANNÉES DE L'ÈRE CHRÉTIENNE.	EMPEREURS ROMAINS.	ANNÉES du RÈGNE.
MAANOU VII, fils d'Aïazt..	16 ans 8 mois	De 2115 à 2131.	Août 99 à avril 115-116.	TRAJAN.	97-117.
MAANOU VIII, fils de Maanou VII. . .	23 ans. . . .	2131—2154.	115—116 à 138—139.	ADRIEN.	117-138.
VAL, fils de Sahr. . .	2 ans. . . .	2154—2156.	138—139 à 140—141.		
MAANOU VIII, de nouveau.. . . .	12 ans.. . .	2156—2168.	140—141 à 152—153.	ANTONIN.. . . .	138-161.
ABGAR VIII, fils de Maanou VIII. .	35 ans. . . .	2168—2203.	152—153 à 187—188.		
ABGAR IX, Sévère.	1 an 7 mois.	2203—2205.	187—188 à 189—190.	MARC-AURÈLE. .	161-180.
				LUCIUS-VERUS. .	161-169
				COMMODE. . . .	180-192.
MAANOU IX, fils d'Abgar IX. . .	10 ans. . . .	2205—2215.	189—190 à 199—200.	SEPTIME-SÉVÈRE.	193-211.
ABGAR X, fils de Maanou IX. . .	. . . , . . .	2215—2230?	199—200 à 214—217.	CARACALLA et GETA.	211-217.
ABGAR XI..	. . . .	Vers 2254?	Vers 240?	GORDIEN III.. .	238-244.

Il est rarement question dans l'histoire des impôts et des monnaies du royaume d'Edesse, aussi manquons-nous de données sur la valeur des monnaies qui nous sont parvenues. Quoi qu'il en soit, nous avons recueilli les différents passages historiques relatifs aux tributs que les princes osrhoéniens furent obligés de payer aux Romains, dont ils étaient devenus les vassaux.

On trouve dans l'histoire la première mention de ces tributs à l'époque du règne d'Arscham, fils d'Ardaschès, frère de Tigrane Ier, qui régna à Edesse par ordre d'Orodes, roi des Parthes. Cet Arscham est appelé par Josèphe, Monobaze ou Monovaze, nom qui se rapproche de celui de Maanou, que lui donne le chroniqueur syrien Denys de Thelmar (1), et dont il semble être une altération. Ce prince régnait de l'an 38 à l'an 10 avant Jésus-Christ. Moyse de Khorên (2) et Assoghig (3) nous apprennent, en effet,

(1) Assémani, *Bibl. orient.*, t. I; *Chron. d'Edesse*, p. 419, n° 13.

(2) Liv. II, ch. 24.

(3) *Hist. univ.*, 1re partie, ch. 5.

qu'Arscham, ayant fait la paix avec les Romains, consentit à leur payer tribut pour la Mésopotamie et la contrée de Césarée. Ce fut de cette manière, ajoutent-ils, que les Arméniens commencèrent à payer un tribut particulier aux Romains.

Le fils d'Arscham, Abgar, que les Syriens surnommèrent Uchama, c'est-à-dire *le noir*, et que Josèphe appelle aussi Monobaze comme son père, régna de l'an 5 avant Jésus-Christ à l'an 32 après l'ère chrétienne. Moyse de Khorên (1) et Assoghig (2) racontent que la deuxième année de son règne, c'est-à-dire l'an 3 avant Jésus-Christ, « toutes les provinces d'Arménie devinrent tributaires des Romains. » L'empereur avait donné, à cet effet, à Abgar une partie de la Phénicie, de la Palestine, de la Syrie et de la Mésopotamie, à la condition qu'il se soumettrait aux Romains et qu'il leur payerait tribut.

Les monnaies des rois de l'Osrhoène qui nous sont parvenues, appartiennent à plusieurs princes des noms d'Abgar et de Mannus. La série commence à Maanou VIII, contemporain de l'empereur Adrien, et se termine, après quelques lacunes, à l'époque de Gordien III, le Pieux. Nous allons examiner maintenant la suite des monnaies frappées par les princes qui gouvernèrent l'Osrhoène sous la suzeraineté de l'empire romain.

MAANOU VIII, FILS DE MAANOU VII (MANNUS).

115-138 et 140-152 après Jésus-Christ. — Contemporain d'Adrien et d'Antonin.

Après la mort de Trajan, Adrien abandonna toutes les conquêtes de son prédécesseur au-delà de l'Euphrate. La conduite d'Adrien, dans cette circonstance, nous fait conjecturer qu'il ne faut pas prendre, dans un sens trop absolu, les expressions des auteurs qui parlent des provinces nouvellement acquises du côté de l'Orient. Nous pensons que l'empereur se borna à rappeler le petit nombre de colonies romaines établies par Trajan dans

(1) Liv. II, ch. 26. (2) 1re part., ch. 5.

ces régions, et à faire revenir les garnisons laissées par ce prince dans plusieurs villes et forteresses qui furent alors rendues à leurs souverains légitimes. Adrien continua à exercer les droits de haute suzeraineté sur les Etats orientaux conquis par Trajan. Nous savons, en effet, que cet empereur donna des rois à l'Arménie et à plusieurs nations barbares du Caucase, et que c'est quelque temps après ses campagnes que les rois de l'Osrhoène adoptèrent l'usage de prendre des prénoms romains et de mettre sur leurs monnaies les effigies des empereurs, ce qu'ils n'auraient certainement pas fait, s'ils avaient été alliés ou vassaux des Parthes.

Maanou VIII, le Μαννος des Grecs et le Mannus des Latins, monta sur le trône d'Edesse en l'année 115 du Christ. Selon la chronique de Denys de Thelmar, il occupa deux fois le trône de l'an 116 à l'an 153; de cette manière, il fut le contemporain des empereurs Adrien et Antonin. Denys dit qu'il commença à régner l'an 2130 d'Abraham et qu'il occupa le trône vingt-trois ans, après lesquels il s'enfuit chez les Romains. Bayer (1) le fait régner depuis l'année d'Abraham 2131, qui correspond au mois d'avril de l'année 116 de J.-C. Maanou fut privé de son trône par Trajan, mais Adrien le lui rendit. Spartien dit de lui : « Parthos in amicitia semper habuit, quod indè regem retraxit, quem Trajanus imposuerat : Armeniis regem habere permisit, cum sub Trajano legatum habuissent : à Mesopotamiis non exegit tributum, quod Trajanus, imposuit (2). » Il paraît qu'en l'année 139, Maanou fut chassé de ses Etats par Val, fils de Sahrou, et qu'il s'enfuit chez les Romains. Le voyage de Maanou à Rome est attesté par Jules Capitolin qui, au commencement du règne d'Antonin, raconte ce qui suit : « Abgarum regem ex orientis partibus sola auctoritate deduxit : caussas regales terminavit. » Le nom d'Abgar, que l'historien romain donne ici à Maanou, prouve une fois de plus que les Occidentaux avaient coutume de considérer ce nom comme une appellation générique, particulière aux rois de l'Osrhoène. Val, fils de Sahrou, comme l'indique son nom, وال بن زهرو, était probablement un prince d'origine arabe et issu des anciens rois de l'Osrhoène. Il s'était emparé de la couronne en 139. Le

(1) *Hist. osrh.*, liv. III, p. 153. (2) *Histor. Aug.*, *in Hadr.*, ch. 21.

règne de cet usurpateur fut de courte durée, car Denys raconte que Maanou, étant revenu de Rome, remonta sur le trône l'an 141 et régna encore douze ans, ce qui fait en tout trente-six années de règne, abstraction faite du temps qu'il passa hors de son royaume.

Les numismatistes ont attribué à Maanou plusieurs médailles qui ne lui appartiennent certainement pas. Celle que lui donne Bayer (1) est refaite, et la médaille que Visconti (2) attribue à l'Abgar, qu'il dit avoir été contemporain d'Adrien, est du temps de Caracalla. Mionnet (3) a restitué ces deux pièces à leur véritable place. Les seules monnaies de Maanou qui puissent être attribuées sans contestation à ce prince, sont la médaille publiée par Sestini, et qui faisait partie du cabinet de Consinéry, et un petit bronze du cabinet de France.

Tête du roi coiffée de la tiare.

℞   ﺨﺪﺍ *le roi*

    ﻣﻌﻨﻮ *Maanou.*

   Cuivre, moy. mod.

Sestini, *Descr. num. vet.*, p. 333, n° 8.

Tête du roi coiffée de la tiare, à droite. Grenetis.

℞   ﺨﺪﺍ *le roi*

    ﻣﻌﻨﻮ *Maanou.*

Grenetis.

   Cuivre, petit module (4). — Pl. IV, n° 1.

Cab. de France.

(1) *Hist. osrh.*, l. III, p. 115, pl. IV, n° 2.
(2) *Iconogr. gr.*, 2ᵉ part., ch. 14, § 12.
(3) *Méd. gr.*, t. V, p. 613; *suppl.*, t. VIII, p. 409.

(4) C'est par erreur que, sur le dessin de cette pièce, pl. IV, n° 1, l'indication du métal porte le signe de l'argent.

Les deux monnaies, dont on vient de lire la description, sont les seuls spécimens qui nous soient parvenus de pièces avec des légendes en langue syriaque; car on sait que toutes les médailles des rois de l'Osrhoène portent des légendes grecques. Une autre particularité fort curieuse à signaler, c'est l'absence de l'effigie impériale sur ces deux monuments. Il paraît que ce ne fut que plus tard que l'usage fut adopté de placer les deux têtes de l'empereur romain et du roi d'Edesse. Mais, avant de s'arrêter à ce dernier système, il y avait eu un autre projet dont la numismatique de l'Osrhoène fournit des exemples; au lieu de la tête du roi d'Edesse qui figure sur les monnaies des monarques contemporains d'Adrien, on remarque, au contraire, sur les deniers d'argent frappés à Edesse, à l'époque de Marc-Aurèle et de Lucius Verus, l'effigie de ces deux empereurs, et au revers une légende grecque portant le nom du roi osrhoénien et qui occupe tout le champ de la pièce. Cependant ce projet ne fut pas suivi longtemps, car sous le règne des empereurs que je viens de citer, les monnaies d'Edesse commencèrent à porter les deux têtes, et cet usage se continua jusqu'à la fin de la dynastie osrhoénienne. A l'époque du règne de Gordien III, qui avait rendu aux Abgar leur royaume que Caracalla leur avait enlevé, un autre type apparaît sur les monnaies d'Edesse, c'est le couronnement d'un Abgar par l'empereur. Ce type avait pour but de rappeler la magnanimité de Gordien, qui, voulant s'attacher les populations de la Mésopotamie, avait rétabli le trône d'Edesse et y avait fait monter un prince issu de la race des Abgar. Cet événement important est rappelé seulement sur les médailles, car l'histoire n'en fait point mention.

MAANOU ,

Prince inconnu dans l'histoire, contemporain de Marc-Aurèle et de Lucius Verus.

L'histoire ne parle aucunement d'un prince du nom de Maanou ou Mannus qui aurait régné à Edesse sous Marc-Aurèle et Lucius Verus, et nous savons positivement que le roi qui occupa le trône de l'Osrhoène, à l'épo·

que de ces deux empereurs, portait le nom d'Abgar; l'histoire et les iné-
dailles ne laissent aucun doute à cet égard. Les numismatistes ne sont pas
d'accord pour attribuer les médailles du Mannus en question à un prince
qui aurait régné dans l'Osrhoène; et, bien que quelques-uns aient refusé au
royaume d'Edesse ces monnaies, ils n'ont point proposé d'autre attribution. On sait, par le témoignage de Dion Cassius (1), que les Arabes Atréniens étaient gouvernés par un prince appelé Mannus, au temps de Trajan,
qui les soumit, et quelques savants supposent que des descendants de ce
prince, ayant porté le même nom que lui, auraient continué à régner
sous la suzeraineté de Rome (2), dans les contrées occupées par les Atréniens. On ne peut, à cet égard, former que des conjectures, et le manque
de documents nous oblige à n'émettre qu'avec le signe du doute l'attribution que nous allons proposer. Il n'est pas douteux que le roi osrhoénien, contemporain de Marc-Aurèle et de Lucius Verus, ait été un prince
qui portait le nom d'Abgar; or, ne serait-il pas possible de supposer qu'un
autre prince nommé Mannus, et qui aurait appartenu à la famille royale
d'Edesse, usurpa la couronne pendant quelque temps et fit frapper monnaie au nom des deux empereurs, ses contemporains? Le fait est possible,
mais aucun témoignage écrit n'est venu, jusqu'à présent, appuyer cette
opinion que l'existence seule de ces médailles nous a suggérée.

Mannus et Marc-Aurèle.

ΒΑΣΙΛΕΥΣ ΜΑΝΝΟΣ ΦΙΛΟ[ΡωΜΑΙΟΣ]. — Pallas debout, tenant de la
main droite la haste, et de la gauche un bouclier.

℞ ΑΥΤ. Κ. Μ. ΑΥΡΗΛ. ΑΝΤωΝΙΝΟΣ. — Tête laurée de Marc-Aurèle.
Denier d'argent.

Spanheim, t. II, p. 578.

(1) *Excerpt.*, l. LXVIII, § 22. (2) Visconti, *Icon. gr.*, 2ᵉ part., ch. 14, § 13, note 2.

Mannus et Faustine la Jeune.

ΒΑCΙΛΕΥC ΜΑΝΝΟC ΦΙΛΟΡωΜΑΙΟC. — Junon debout, tenant de la main droite une patère, et de la gauche la haste ; à ses pieds, un paon.

℞ ΦΑΥCΤΙΝΑ CΕΒΑCΤΗ. — Tête de Faustine jeune.

Denier d'argent.

Spanheim, t. II, p. 578.

Mannus et Lucius Verus.

ΒΑCΙΛΕΥC ΜΑΝΝΟC ΦΙΛΟΡωΜΑΙC (en quatre lignes). — Filet au pourtour.

℞ Λ. Κ. Λ. ΑΥΡ. ΟΥΗΡΟC. C. — Tête de Lucius Verus, à droite. Grenetis.

Denier d'argent. — Pl. IV, n° 2.

Neumann. Num. popul., t. II, p. 89.

ΒΑCΙΛΕΥC ΜΑΝΝΟC ΦΙΛΟΡωΜΑΙC. — Junon debout, tenant une patère de la main droite, et la haste de la gauche.

℞ Α. Κ. Λ. ΑΥΡ. ΟΥΗΡΟC. C. — Tête de Lucius Verus, à droite.

Denier d'argent.

Pembrock, p. 3, tab. xxv.

Mannus et Lucille.

ΒΑCΙΛΕΥC ΜΑΝΝΟC ΦΙΛΟΡωΜΑΙ[C]. — Junon debout, à gauche, tenant une patère de la main droite, et la haste de la gauche. Grenetis.

℞ ΛΟΥΚΙΛΛΑ CΕΒΑCΤΗ. — Tête de Lucille, à droite. Grenetis.

Denier d'argent. — Pl. IV, n° 3.

Cab. de France.

Même légende. — Lucille en Cérès, assise à gauche, tenant de la main droite des épis et de la gauche un flambeau.

℟ Même légende et même tête.

Denier d'argent. — Pl. IV, n° 4.

Cab. de France.

ABGAR VIII.

153-188. — Contemporain d'Antonin, de Marc-Aurèle, de L. Verus et de Commode.

Abgar VIII, fils de Maanou VIII, qui régna à Edesse après la mort de son père, occupa le trône trente-cinq ans, depuis l'année 153 à 188. Il fut donc contemporain de plusieurs empereurs, et beaucoup de monnaies nous ont conservé ses traits avec ceux de Marc-Aurèle, de L. Verus et de Commode. Selon Denys, il aurait commencé à régner l'an 2169 de l'ère d'Abraham, mais, les calculs de Bayer (1) ont démontré que ce devait être plutôt en l'année 2168, dont le point initial correspond au mois d'avril de l'an 153 de l'ère chrétienne. L'histoire ne dit rien des événements qui s'accomplirent de son temps, elle nous apprend seulement que ce fut sous son règne que Lucius Verus soumit les Parthes (2).

Abgar et Marc-Aurèle.

Visconti (3) a publié deux bronzes qu'il a attribués à Abgar, contemporain de Septime Sévère, le neuvième du nom, et qui appartiennent sans aucun doute à Abgar VIII. Nous avons restitué ces médailles à la place qu'elles doivent occuper.

(1) Op. laud., p. 158.
(2) Chron. anonyme d'Edesse, dans Assémani, t. I, p. 390; et Chron. de Denys, Cf.

Assémani, t. I, p. 390, note 1.
(3) Iconog. gr., 2ᵉ part., ch. 14, § 15.

KAICAP AYPH[ΛIOC]. — Tête nue de Marc-Aurèle.

℞ ABΓAPOC BACIΛEYC. — Tête d'Abgar, à droite, coiffée de la tiare.

Cuivre, petit module (douteuse).

Patin., Num. imp., p. 192.

Abgar et Lucius Verus.

Tête de Lucius Verus.

℞ ABΓAPOC BACIΛEYC. — Tête d'Abgar, à droite, coiffée de la tiare.

Cuivre, petit module (douteuse).

Patin., Num. imp., p. 207.

Abgar et Commode.

[BA]CIΛEY[C ABΓAPOC]. — Tête d'Abgar, barbue et coiffée de la tiare dentelée, à droite ; devant, un sceptre. Grenetis.

℞ AYT. OYHPOC. KOM...... — Tête de Commode, barbue et laurée, à droite. Grenetis.

Cuivre, moy. mod. — Pl. IV, n° 5.

Cab. de France.

[BACIΛEYC ABΓAPOC.] — Même tête.

℞ AYTO. KAICAP. KOM...... — Tête barbue et laurée de Commode, à droite.

Cuivre, moy. mod. — Pl. IV, n° 6.

Cab. de France.

BACIΛEYC ABΓAPOC. — Tête d'Abgar, barbue et coiffée de la tiare perlée et crucigère, à droite.

℞ KAICAP KOMOΔOC. — Tête laurée de Commode, à droite. Grenetis.

Cuivre, pet. mod. — Pl. IV, n° 7.

Cab. de France.

BACIΛEYC ABΓAPOC. — Tête d'Abgar, coiffée d'une tiare dentelée , à droite. Grenetis.

℞ KAICAP KOMOΔOC. — Tête laurée de Commode , à droite. Grenetis.

Cuivre, pet. mod. — Pl. IV, n° 8.

Cab. de France.

Abgar et Septime Sévère.

ABΓAPOC BACIΛEY[C]. — Tête d'Abgar, barbue, coiffée de la tiare dentelée, ornée du croissant constellé, à droite ; devant, un sceptre. Grenetis.

℞ AYTOKPATOP CEOYHPOC. — Tête barbue et laurée de Septime Sévère. Grenetis.

Cuivre, moy. mod. — Pl. IV, n° 9.

Il existe une grande variété de coins de cette monnaie qui offrent tous des différences de type assez notables. Ainsi, par exemple, la tiare d'Abgar est quelquefois simplement perlée et crucigère, comme sur la médaille dont nous avons donné la figure, pl. IV, n° 10, et qui existe au cabinet impérial. D'autres fois, elle est dentelée et porte sur le côté droit, un croissant cantonné d'une ou de plusieurs étoiles (pl. IV, n°s 11, 12, 14, et pl. V, n° 1). Enfin, cette tiare, qui paraît avoir subi de nombreuses modifications, quant à l'ornementation , est quelquefois dépourvue de tout symbole, seulement elle est constamment dentelée (pl. IV, n° 13, et pl. V, n° 2).

Mais le fait le plus important que nous révèle l'étude des monnaies de cet Abgar est l'effigie même du souverain. En effet, si l'on examine avec attention les monnaies portant le nom d'Abgar, et ayant au revers l'effigie de Septime Sévère, on verra que la figure du personnage osrhoénien varie sur les monuments. Sur certaines médailles, comme, par exemple, celles que nous avons reproduites sur la pl. IV, n°ˢ 9 et 14, et pl. V, n°ˢ 1 et 2, les traits d'Abgar sont moins accentués que sur les exemplaires qui ont été gravés sur la pl. V, n°ˢ 3 à 8, tandis qu'au contraire, la figure du monarque a une grande ressemblance avec celle du personnage qui régnait à l'époque de Commode, et dont nous avons donné les médailles, pl. IV, n°ˢ 5 et 6. Nous ne doutons donc pas un seul instant que les médailles que nous venons de décrire aient été frappées par un même prince, c'est-à-dire par Abgar VIII, tandis qu'au contraire, les pièces que nous avons attribuées à Abgar IX, contemporain aussi de Septime Sévère, ne peuvent avoir été frappées par le personnage dont les médailles ont été décrites précédemment. Il est donc évident que deux Abgar régnèrent l'un après l'autre à l'époque de Septime Sévère; c'est-à-dire Abgar VIII, et son successeur Abgar IX, surnommé Sévère, lesquels firent tous deux frapper des monnaies à l'effigie de l'empereur, leur contemporain.

Les numismatistes qui se sont occupés du classement des monnaies de l'Osrhoène, ont confondu presque toujours ces deux personnages, trompés qu'ils étaient par l'identité du nom et par la présence d'une même effigie impériale. Cependant, il est facile de voir que les traits de ces Abgar offrent, sur les médailles, de grandes différences qui ne permettent pas de les confondre. Sur les unes, en effet, on voit un vieillard dont le nez est presque droit, tandis qu'au contraire, sur les autres médailles, la tête d'Abgar paraît beaucoup plus jeune; le nez est fortement arqué et l'œil est plus ouvert. On peut donc affirmer que toutes les fois qu'on rencontrera une médaille portant les noms d'Abgar et de Septime Sévère, les traits du visage du roi osrhoénien serviront seuls à distinguer ces personnages l'un de l'autre; en effet, nous n'avons reconnu jusqu'à présent aucun autre signe qui puisse aider à trancher cette difficulté, devant laquelle avaient échoué les efforts des plus savants numismatistes.

10

ABGAR IX, SÉVÈRE.

187-189. — Contemporain de Septime Sévère et de Caracalla.

La chronique de Denys nous apprend qu'Abgar Sévère porta la couronne conjointement avec son fils Maanou, mais elle ne dit rien des événements qui signalèrent le règne de ce prince. Ce sont les historiens romains qui nous donnent sur ces événements les détails les plus complets. Septime Sévère, à ce que nous apprennent Xiphilin et Dion, déclara la guerre aux Osrhoéniens. Abgar, à ce qu'il paraît, s'était compromis dans la guerre civile qui déchira l'empire sous le règne de Septime Sévère. Il avait pris le parti de Pescennius Niger, qui fut vaincu, et il aurait lui-même perdu ses Etats, s'il n'avait trouvé grâce auprès du vainqueur, qui, l'ayant soumis complétement, ainsi que les autres souverains voisins (1), prit les titres de *Parthicus*, *Arabicus* et *Adiabenicus*. Abgar se rendit à Rome pour faire la paix avec l'empereur. Il fut reçu dans cette ville avec beaucoup de magnificence; mais Septime Sévère l'obligea à y laisser deux de ses enfants en otage (2). Une inscription grecque, trouvée dans la basilique de Saint-Paul, à Rome (3), nous apprend les noms de ces deux princes; l'un s'appelait Abgar, comme son père, et l'autre Antonin, sans doute en considération de Caracalla, fils de l'empereur :

EKTON EΠ'EIKOCTΩ ΠΛHCAC ETOC ABΓAPOC ENΘA
TAPXΥΘΗ MΩIPΩN ΩC EΠEKΛΩCE MITOC
OI ΦΘONOC ΩC AΔIKOC TICAΠECBECEN APXOMENONΦΩC
ΛΥΠECAC TOΓENOC KAI ΦIΛIOΥC ETAPOΥC
TΥMBON Δ'ANTONEINOC EΩ ΘETO TOΥTON AΔEΛΦΩ
OICIN OΠPIN BACIΛEΥC ABΓAPOC HN ΓENETHC

(1) Spartien, liv. IX, ch. 18. —Aur. Victor.   — Reynesius, *in syntagmat.*, p. 330. —
(2) Hérodien, liv. III, § 27.   Bayer, *Hist. osrh.*, p. 178 — Bœckh, *C. I. G.*,
(3) Sirmond, *ad. Sid. Apoll.*, liv. I, ép. 8.   n° 6196.

Suivant cette inscription, le jeune Abgar mourut à Rome, à l'âge de vingt-six ans. Il avait perdu son père et sa femme, Hodda, dont l'épitaphe en latin (1) nous apprend, en outre, que le prince osrhoénien portait aussi le nom de Prhaate :

DM
ABGAR
PRAHATHS
FILIVS REX
PRINCIPIS
ORRHENORV̄
HODDA
CONIVGI BENE
MERENTI FEC.

A la mort d'Abgar Sévère, Maanou, son fils, qu'il avait associé au trône, lui succéda.

Abgar et Septime Sévère.

ABΓAPOC BACIΛEYC. — Tête d'Abgar coiffée de la tiare dentelée et sans ornements, à droite. Grenetis.

ꝶ ΛOYK CE[OYHPOC]. — Tête barbue et laurée de Septime Sévère, à droite. Grenetis.

Cuivre, moy. mod. — Pl. V, n° 3.

Cab. de France.

Il existe une grande variété de coins de cette médaille dont les légendes barbares sont souvent illisibles et semblent avoir été frappées par des graveurs syriens qui, dans l'ignorance qu'ils étaient de la langue grecque, copiaient un prototype dont ils ne comprenaient pas les légendes. Les tiares offrent aussi de nombreuses variétés ; ainsi, on voit sur les mon-

(1) Muratori, Trésor, p. 665, n° 1.

naies de moyen module d'Abgar IX, Sévère, une tiare perlée (pl. V, n° 4) et une autre dentelée et ornée du croissant cantonné d'étoiles (pl. V, n° 5).

ΑΒΓΑΡΟϹ ΒΑϹΙΛΕΥϹ. — Tête d'Abgar coiffée de la tiare dentelée et ornée du croissant constellé, à droite. Grenetis.

℞ ϹΕΟΥΗΡΟϹ. — Tête barbue et laurée de Septime Sévère, à droite. Grenetis.

Cuivre, module inférieur au précédent. — Pl. V, n°ˢ 6, 7, 8.

ΑΒΓΑΡΟϹ ΒΑϹΙΛΕΥϹ. — Tête d'Abgar barbue et coiffée de la tiare perlée, à droite. Grenetis.

℞ ϹΕΟΥΗΡΟϹ. — Tête laurée de Septime Sévère, à droite. Grenetis.

Cuivre, pet. mod. — Pl. V, n° 9.

MAANOU IX.

189-199. — Contemporain de Septime Sévère.

Maanou (Mannus), fils d'Abgar Sévère, ainsi que nous l'avons vu plus haut, avait été associé au trône par son père. L'histoire nous a conservé quelques détails sur sa vie; ainsi, Jules Africain raconte que Mannus était un chasseur passionné et qu'il excellait dans l'art de tirer des flèches (1). On sait qu'il régna dix ans (2), et succéda à son père pendant que ses frères, Abgar et Antonin, étaient en otage à Rome (3).

----

(1) Jules Afr., *Cestes*. — Cf. Bayer, *Hist. osrh.*, p. 165.

(2) Denys de Thelmar, p. 423, a commis une erreur en disant que Maanou régna vingt-six ans. Assémani, *l. c.*, avait reconnu cette faute chronologique; seulement il donne deux années de trop au règne de Maanou.

(3) Hérodien, liv. III, § 27.

ΑΒΓΑΟC B[ΑCΙΛΕYC]. — Tête d'Abgar Sévère coiffée de la tiare dentelée et constellée, à droite. Grenetis.

℞ ΜΑΝΝΟC ΠΑΙC. — Tête de Mannus barbue et coiffée de la tiare
dentelée, sans ornements, à droite. Grenetis.

Cuivre, pet. mod. — Pl. V, n° 12.

Cab. de France.

Pellerin, *Rois*, pl. XVI.

ABGAR X.

199-217. — Contemporain de Septime Sévère et de Caracalla.

Abgar, fils de Maanou, dut son trône à Septime Sévère qui, ayant été
en guerre avec son père et son grand-père, avait cependant laissé sub-
sister le royaume d'Edesse. Les chroniques syriaques racontent qu'une
inondation épouvantable signala, en 202, le règne de ce prince (1). Nous
savons que cet Abgar fut détrôné par Caracalla, qui s'empara d'Edesse,
lorsqu'il se rendit en Mésopotamie, en revenant d'Egypte (2). Dion Cassius raconte en détail les causes qui amenèrent cet événement (3). Spartien nous apprend que Caracalla hiverna à Edesse, et qu'il fut tué à Car-
rhas, en 217 (4). A partir de cette époque, le royaume d'Edesse fut
anéanti par les Romains (217), et réduit en province de l'empire par Caracalla (5) : « Edessam, dit Spartien, in Osrhoem, in provinciæ formam
redigit, amico rege Abgaro, non victo, sed vincto perfidissime. » A partir
de cet événement, les monnaies frappées à Edesse eurent pour emblème

(1) *Chron. anonym. d'Edesse*, dans Assémani, t. l, p. 390.
(2) Hérodien, liv. IV, ch. 21. — Dion Cass.,
in fragm. ap. Zonar., t. I, p. 613, et *ap.
Xiphil.*, p. 352.

(3) Liv. LXXVII, et *excerpt. Val.*, p. 746.
(4) Cf. Eutrope, Sextus Rufus, Georges le
Syncelle.
(5) Denys de Thelmar, p. 423.

la tête de la ville d'Edesse, coiffée d'une couronne murale avec cette légende : ΚΟΛ. ΕΔΕССΑ.

Abgar et Caracalla.

ΒΑCΙΛΕ[ΥC] ΑΒΓΑΡΟC. — Tête d'Abgar imberbe coiffée de la tiare dentelée et ornée d'un croissant constellé, à droite. Grenetis.

℞ ΚΑΙC. ΑΝΤΩΝ. CEB. ΕΥ. — Tête barbue et laurée de Caracalla, à droite. Grenetis.

Cuivre, moy. mod. — Pl. V, n° 10.

Cab. de France.

ΑΒΓΑΡΟC ΒΑCΙΛΕΥC. — Tête d'Abgar barbue et coiffée de la tiare dentelée, sans ornements, à droite. Grenetis.

℞ ΑΝΤΩΝΕΙΝΟC. Κ. CE. — Tête barbue et laurée de Caracalla, à droite. Grenetis.

Cuivre, pet. mod. — Pl. V, n° 11.

Cab. de France.

ABGAR XI.

Vers 240. — Contemporain de Gordien III.

Le prince dont il va être question n'est point mentionné dans les chroniques syriennes, ni dans les annales de l'empire romain. Des médailles, frappées aux effigies de Gordien III et d'un roi nommé Abgar, nous montrent que le royaume de l'Osrhoène, un instant réduit en province romaine par Caracalla, avait été rétabli par Gordien III. On peut supposer, dès lors, que les causes qui donnèrent lieu à la restauration du trône d'Edesse, furent les guerres qui s'allumèrent entre les rois sassanides de Perse et les empereurs romains. En effet, la politique romaine comprit que l'annexion du petit royaume d'Edesse aux possessions de l'empire était une faute, et qu'il était nécessaire de le rétablir, pour former une barrière entre les deux grands Etats. C'est cette circonstance dont les historiens syriens et occidentaux ne parlent point, et que les médailles nous font connaître, en même temps qu'elles nous donnent le nom du prince auquel Gordien III confia le trône qu'il venait de relever. Il est probable que ce prince, qui s'appelait Abgar, comme la plupart de ses prédécesseurs, était un membre de la famille royale qu'avait dépossédée Caracalla. Le royaume d'Edesse fut rétabli, sans aucun doute, à l'époque où Gordien alla pacifier l'Orient (1). On sait que cette expédition fut malheureuse pour l'empereur qui périt victime d'une sédition excitée par Philippe, l'un de ses officiers. Il ne paraît pas que le prince d'Edesse, auquel Gordien rendit la couronne de ses pères, ait usé longtemps de l'autorité souveraine, car, après le règne de cet empereur, la numismatique de l'Osrhoène cesse tout à coup. On ne trouve pas, à la vérité, de médailles impériales frappées à Edesse sous Philippe; mais elles réparaissent sous Trajan Dèce, et la ville reprend le titre de colonie romaine, qui lui avait été donné par Caracalla. Après Gordien III et Abgar XI, il n'est plus question des Abgar.

Abgar et Gordien.

ABΓAPOC BACIΛEYC. — Buste d'Abgar tourné à droite; le roi est représenté coiffé de la tiare dentelée et portant une longue barbe; derrière lui, une rosace.

℞ AYT. K. M. ANT. ΓOPΔIANOC. CEB. — Tête laurée et imberbe de Gordien, à droite ; devant lui, une rosace.

Cuivre, grand module. — Pl. V, n° 13, et pl. VI, n° 2.

Cab. de France.

(1) Jul. Capitol., *in Alex.*, c. 26.

Il existe encore plusieurs variétés de médailles ; sur les unes, la tiare du roi d'Edesse est ornée de perles (pl. V, n° 14) ; sur les autres, on voit une croix formée par l'agencement de quatre perles (pl. V, n° 15).

ABΓAPOC BACIΛEYC. — Tête d'Abgar coiffée de la tiare dentelée et tournée à droite ; derrière, une rosace.

℞ AYTOK. K. M. ANT. ΓOPΔIANOC. CEB. — Tête radiée de Gordien, à droite ; devant, une rosace. Grenetis.

Cuivre, grand mod. — Pl. V, n° 17.

Cab. de France.

Les variétés de cette médaille ne diffèrent de la description qu'on vient de lire que par la tiare. Le n° 16 de la pl. V nous montre la tiare dentelée et ornée de losanges. Les autres pièces offrent de petites différences.

ABΓAPOC BACIΛEYC. — Buste d'Abgar, à droite ; la tête est coiffée de la tiare dentelée sans ornements ; derrière, une rosace. Grenetis.

℞ AYTOK. K. M. ANT. ΓOPΔIANOC CEB. — Buste lauré de Gordien, cuirassé, et tenant le bouclier, à gauche ; devant, une rosace. Grenetis.

Cuivre, grand module. — Pl. VI, n° 1.

Cab. de France.

ABΓAPOC BACIΛEYC. — Tête d'Abgar, à droite, coiffée de la tiare dentelée et ornée du croissant constellé.

℞ AYTOK. K. M. ANT. ΓOPΔIANOC CEB. — Tête laurée de Gordien, à droite.

Cuivre, moy. mod. — Pl. VI, n° 3.

ABΓAPOC BACIΛEYC. — Buste d'Abgar, à droite ; la tête coiffée de la tiare dentelée ornée d'une rosace de perles. Grenetis.

℞ AYTOK. K. M. ANT. ΓOPΔIANOC. CEB. — Tête radiée de Gordien, à droite. Grenetis.

Cuivre, moy. mod. — Pl. VI, n° 5.

ΑΒΓΑΡΟC ΒΑCΙΛΕΥC. — Buste d'Abgar, à droite, la tête coiffée de la tiare dentelée. Grenetis.

℞ [ΑΥΤ. Κ. Μ. ΑΝΤ.] ΓΟΡΔΙΑΝΟC. CΕΒ. — Tête laurée de Gordien, à droite.

Cuivre, pet. mod. — Pl. VI, n° 4.

ΑΥΤΟΚ. Κ. Μ. ΑΝΤ. ΓΟΡΔΙΑΝΟC. CΕΒ. — Buste lauré de Gordien, à droite. Grenetis.

℞ ΑΥΤΟΚ. ΓΟΡΔΙΑΝΟC. ΑΒΓΑΡΟC ΒΑCΙΛΕΥC. — Gordien et Abgar debout, en face l'un de l'autre. L'empereur porte la couronne radiée et l'habit militaire ; il tient de la main gauche un globe, et de la droite un rouleau. Le roi d'Edesse est coiffé de la tiare dentelée et porte le costume oriental ; de la main droite il tient une couronne, et la gauche est appuyée sur le pommeau de son sabre. Grenetis.

Cuivre, grand mod. — Pl. VI, n° 6.

Cab. de France.

ΑΥΤΟΚ. Κ. Μ. ΑΝΤ. ΓΟΡΔΙΑΝΟC. CΕΒ. — Tête laurée de Gordien, à droite. Grenetis.

℞ ΑΥΤΟΚ. ΓΟΡΔΙΑΝΟC. ΑΒΓΑΡΟC ΒΑCΙΛΕΥC. — L'empereur, à droite, vêtu de la toge et la tête ornée d'une couronne de laurier, assis sur un trône élevé sur une estrade, tient la haste de la main gauche et présente la droite à Abgar debout, coiffé de la tiare, vêtu du costume oriental et portant de la main droite une petite Victoire.

Cuivre, grand mod. — Pl. VI, n° 7.

Cab. de France.

Il existe au cabinet impérial une médaille semblable à la précédente, et qui est contremarquée au droit de la tête de la ville d'Edesse (pl. VI, n° 8). Cette pièce a, sans doute, reçu cette seconde empreinte à l'époque de la ré-

11

duction définitive du royaume de l'Osrhoène en province, et de son annexion aux domaines de l'empire.

On sait, en effet, qu'Edesse avait été réduite à l'état de colonie romaine sous le règne de Trajan Dèce, puisque des médailles de ce prince portent, au revers, le type de la ville d'Edesse.

ΑΥΤΟΚ Κ. Μ. ΑΝΤ. ΓΟΡΔΙΑΝΟϹ. ϹΕΒ. — Buste radié de Gordien, à droite. Grenetis.

℟ ΑΒΓΑΡΟϹ ΒΑϹΙΛΕΥϹ. — Abgar à cheval passant à droite. Le roi est coiffé de la tiare dentelée et porte le costume oriental, une veste et un large pantalon froncé à la cheville du pied. Grenetis.

Cuivre, grand mod. — Pl. VI, n° 9.
Cab. de France.

APPENDICE.

Ici devrait se terminer notre travail, mais nous avons cru qu'il ne serait peut-être pas inutile de donner quelques détails sur les monnaies qui eurent cours en Arménie, après la conquête définitive de ce pays, et le renversement du trône des Arsacides dans la première moitié du cinquième siècle de notre ère.

A partir du règne de Dertad le Grand, que les Grecs ont coutume de désigner sous le nom de Tiridate, le royaume d'Arménie tomba dans le plus complet abaissement. Dès l'année 387, les Romains et les Persans y entrèrent et s'en partagèrent les provinces; toutefois, ils consentirent à conserver un semblant de pouvoir royal, qu'ils laissèrent aux mains des princes issus de la race des Arsacides. Mais ils se lassèrent bientôt de voir l'Arménie, gouvernée par des monarques incapables de régner et indignes de porter la couronne, et, en 428, le roi de Perse, Bahram V, renversa le dernier Arsacide, et le royaume d'Arménie cessa d'exister.

Les Persans nommèrent des gouverneurs chargés d'administrer les provinces de l'ancien royaume; ils les prenaient tantôt parmi des généraux de leur nation, et tantôt parmi les descendants des anciennes familles satrapales de l'Arménie. Ces gouverneurs avaient le titre de marzbans.

Moyse Galcandouni (1) nous apprend que le didrachme des Perses avait cours en Arménie, où il avait été introduit bien avant la conquête définitive du pays par les Sassanides, et il ajoute qu'il était reçu, d'après la capi-

_____

(1) *Histoire des Aghouans,* liv. II, ch. 16, f° 117.

tation en usage chez les Perses : « Ils exigeaient, dit Moyse, de tous [les habitants] le didrachme , *զեզրաման* suivant l'usage de la capitation établie dans le royaume de Perse. »

Quand les Arabes eurent poussé leurs conquêtes jusqu'en Arménie, les provinces de cet ancien royaume furent annexées à l'empire des Khalifes. Un passage de Sépéos (1), nous donne le nom d'une monnaie qui avait cours en Arménie, à l'époque de la conquête arabe ; c'est le *tram baïrasig*, *պայրասիկ դրամ*: « Les Mèdes, dit Sépéos, se révoltèrent à cette époque, parce que les Arabes exigeaient d'eux, par tête, chaque année, une somme de 365 tram baïrasig. » Il est probable qu'il s'agit, dans ce passage de l'historien arménien, des drachmes sassanides dont l'usage avait été conservé, même au temps de la domination arabe, puisque nous savons que les Arabes eux-mêmes firent frapper des monnaies imitées des pièces sassanides et qui ne différaient de celles-ci, que par la légende arabe, qui avait remplacé les caractères pehlvi usités sur les monnaies des princes sassanides (2).

Pendant tout le temps que les Arabes occupèrent l'Arménie, ils firent frapper des monnaies qu'ils répandirent en grand nombre dans le pays. Ainsi, dès le septième siècle, les dracan (tahégan) ou dinar arabes étaient la seule monnaie usitée en Arménie. Vartan (3) nous apprend , en effet, que « Moaviah créa prince d'Arménie Grégoire le Mamigonien, et imposa à ce pays un tribut de 500 tahégans. »

Ce fait est rapporté avec plus de détails par Assoghig (4) qui raconte qu'après la mort d'Aboubek'r, d'Othman et d'Omar, le pouvoir passa aux mains de Moaviah qui l'exerça dix-neuf ans (661-680). « En la première année de Moaviah , dit l'historien arménien, la vingt-cinquième de Constantin (Constant II), le prince Sempad Bagratide, et le général des Grecs

---

(1) *Hist. des campagnes d'Héraclius en Perse et des premières invasions des Arabes*, ms. d'Edchmiadzin.

(2) Mordtmann, *Recherches sur les monnaies sassanides à légendes Pehlvi*, p. 140, dans le *Zeitchrift der Deutscher morgenlan-* dischen Gesellschaft, 1854. — Fr. Soret, *Lettre à M. Olshausen, sur qq. médailles au type sassanide*.

(3) *Hist. univ.*, ms. d'Edchmiadzin.

(4) *Hist. univ.*, ch. 4, 2ᵉ part.

allèrent, par ordre de Constantin, attaquer les Arabes qu'ils rejoignirent par le pont volant de l'Euphrate, mais ils furent vaincus et mis en fuite; après quoi, un décret fut envoyé en Arménie, par lequel un tribut était imposé à ce pays. Les chefs et les satrapes, ainsi que le catholicos Nersès consentirent à payer un tribut de 500 tahégans chaque année. »

Il paraît que cet impôt ne fut pas augmenté pendant un demi-siècle, mais Hescham, qu'Assoghig (1) appelle Arscham, successeur d'Yézid, aggrava les impôts que payaient les Arméniens.

Sous le règne de Merwan, un événement important jeta les Arméniens dans une grande consternation. Une armée partie du Khorassan, sous le commandement d'un certain Abd-Allah, vainquit les troupes de Merwan, et le général victorieux monta sur le trône. Il envoya son frère, nommé aussi Abd-Allah, prélever une capitation sur les peuples soumis à sa domination. « Il faisait apposer, dit Assoghig (2), par des commissaires, un sceau de plomb au cou de chacun, et il exigeait un grand nombre de *zouzé*, au point que tout le monde tomba dans la misère, par suite des exactions de ce bourreau. » Je ne puis savoir ce que signifient les *zouzé*, qui étaient sans doute des monnaies arabes dont le nom a été défiguré par Assoghig, ou par les copistes qui ont transcrit le manuscrit de son *Histoire universelle*. La monnaie byzantine semble avoir été aussi fort en usage en Arménie, et il paraît même qu'à l'époque des Bagratides qui régnèrent sur plusieurs contrées de l'Arménie, comme à Lor'i, à Kars et à Ani, les monnaies byzantines avaient cours conjointement avec les monnaies arabes. En effet, les historiens font très-souvent mention des drachmes ou tram, et nous trouvons dans les inscriptions de l'époque bagratide, qui sont tracées sur les murailles et les monuments religieux et civils d'Ani, que le tram était la monnaie usuelle de l'Arménie et principalement de la capitale des Bagratides.

Un passage inédit de Vartan (3) parle, en effet, d'un tribut en tram qui

(1) *Op. cit.*, ch. 4, 2ᵉ part.
(2) *Op. cit.*, loc. cit.

(3) *Hist. univ.*, ms. d'Edchmiadzin.

fut imposé aux Arméniens par l'émir Ph'adloun : « Ph'adloun ayant appelé auprès de lui Kakig, fils de Haman, seigneur de Kantzik, il le tua et s'empara de tous ses Etats. Devenu puissant par ces spoliations, il se rend maître de Khatchor, de Koroz et des Sévortik, se déclare contre Kakig, roi de Tzoroked, avec Gurigé, roi des Agh'ouans, et avec Pakarad, roi de Géorgie, et les tracassa. Il met la main sur Tôvin et impose aux Arméniens un tribut de 300,000 tram. »

Ainsi que je l'ai dit tout à l'heure, les inscriptions recueillies à Ani et publiées par M. Abich (1), font souvent mention des tram, qui paraissent avoir été la monnaie usuelle de l'Arménie à l'époque des rois Bagratides. Je n'ai pas relevé tous les passages de ces inscriptions, où il est question des tahégan et des tram, ce qui serait superflu, mais j'ai pensé que le lecteur lirait avec intérêt la traduction de l'une de ces inscriptions, qui contient de curieux détails, tant sur les monnaies, que sur les impôts qui étaient établis à Ani, à l'époque qui suivit le renversement du trône des Bagratides par les Grecs.

Inscription de la cathédrale d'Ani (2).

« Au nom du Seigneur tout-puissant, et par la clémence du saint empereur autocrate Constantin Ducas, j'ai eu la volonté, moi Bagrat magistros, katapan de l'Orient (3), Vkatzi(?), de faire du bien à cette métropole d'Ani, lorsque furent nommés tanouter (4), Mekhitar Hypatos, fils de Court, Grigor, spathara-candidat (5), fils de Lapatac, et Sarkis, spathara-candidat, fils d'Artabaze. Ils supprimèrent les impôts, nommés vetscévor, saïli, camen et angarion (6). Le katapan, quel qu'il soit, donnera six cents boisseaux de semence, et les tanouter fourniront de leur maison les frais des

(1) Brosset, *Voy. archéol. en Arménie*, 3ᵉ rapport.

(2) Brosset, *l. c.*, p. 94-95.

(3) Maître de la milice et gouverneur général de l'Orient. C'étaient des titres de la cour de Byzance.

(4) Administrateurs de la ville.

(5) Écuyers vêtus de blanc.

(6) De ces impôts, le premier signifie « un sixième, » le second se prélevait sur les machines à dépiquer le blé, le troisième sur les chariots, et le quatrième était une corvée, en général.

autres cadeaux. Comme il n'arrive rien à Ani qu'à grand'peine, les marchands de vins d'Ani seront affranchis de péage, soit qu'ils emploient des chariots ou des bêtes de somme. Tout habitant qui achète une bête à tuer est exempt de péage ; chaque portefaix d'Ani est exempté d'impôt pour la moitié du coton(?); on donnait au capoudji (1) six tahégan d'or et trois tram ; deux sont supprimés. Le boucher, s'il s'agit d'un taureau, donne la tête; d'une brebis, la moitié est supprimée;.... 600 tram sont supprimés (2). »

Quand les Arméniens eurent établi un nouveau royaume dans la Cilicie et dans les montagnes du Taurus, les rois Roupéniens et Lusignans usèrent du droit de battre monnaie; ce sont ces monnaies que j'ai publiées dans un autre ouvrage qui a pour titre : *Numismatique de l'Arménie au moyen âge* (3), et qui forme, avec celui-ci, l'ensemble de la numismatique arménienne.

(1) Gardien des portes.

(2) La fin de cette inscription est mutilée, et les mots qui ont pu être déchiffrés par M. Abich,

ne donnent aucun sens raisonnable.

(3) Paris, 1855, in-4.

FIN.

Paris. — Imp. de Pommeret et Moreau, 42, rue Vavin (près le Luxembourg).

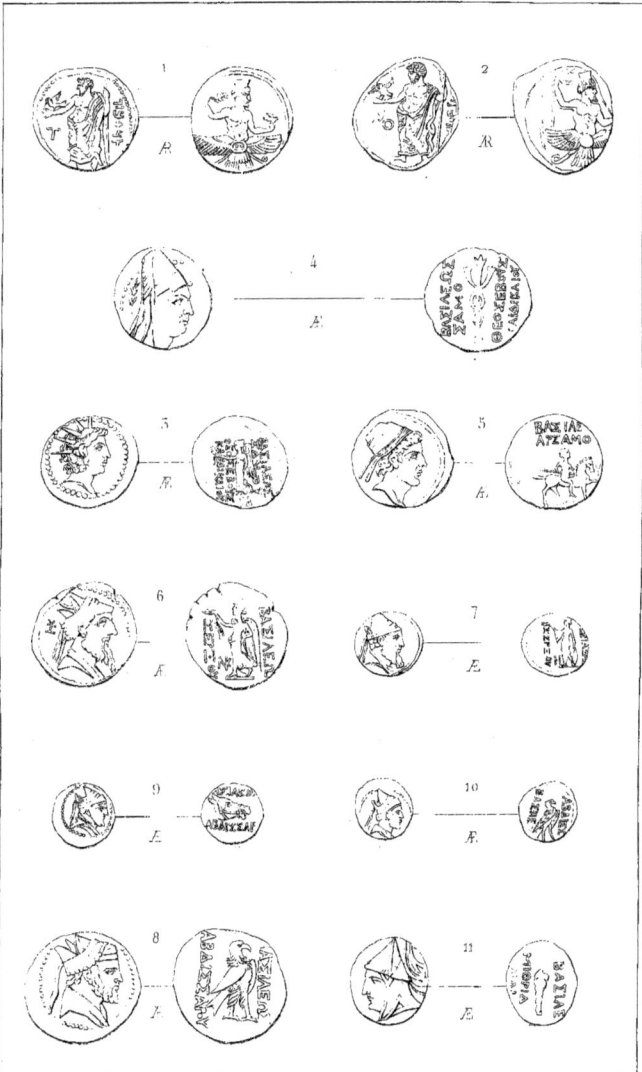

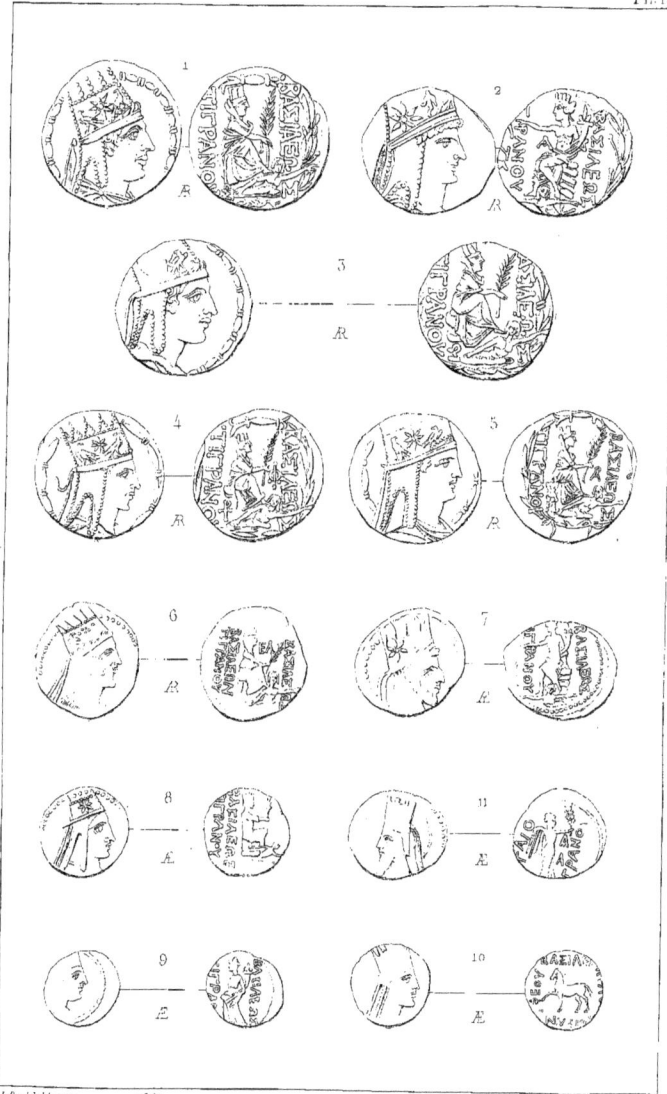

ROIS D'ARMÉNIE 2ᴱ DYNASTIE
(Arsacides)

Pl. III.

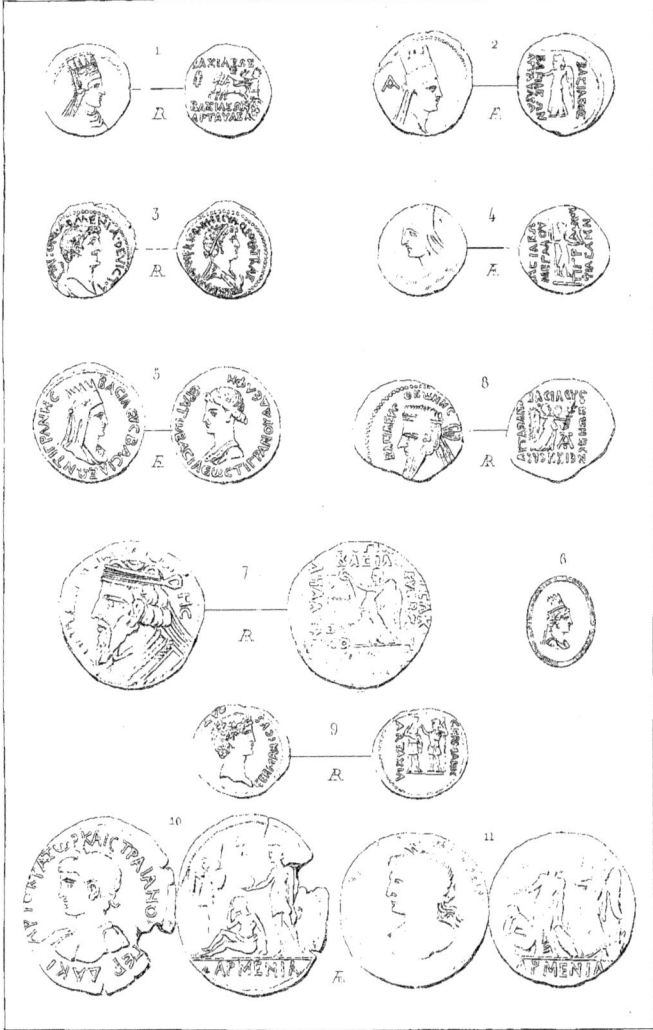

ROIS D'ARMÉNIE 2ᵉ DYNASTIE
(Arsacides)

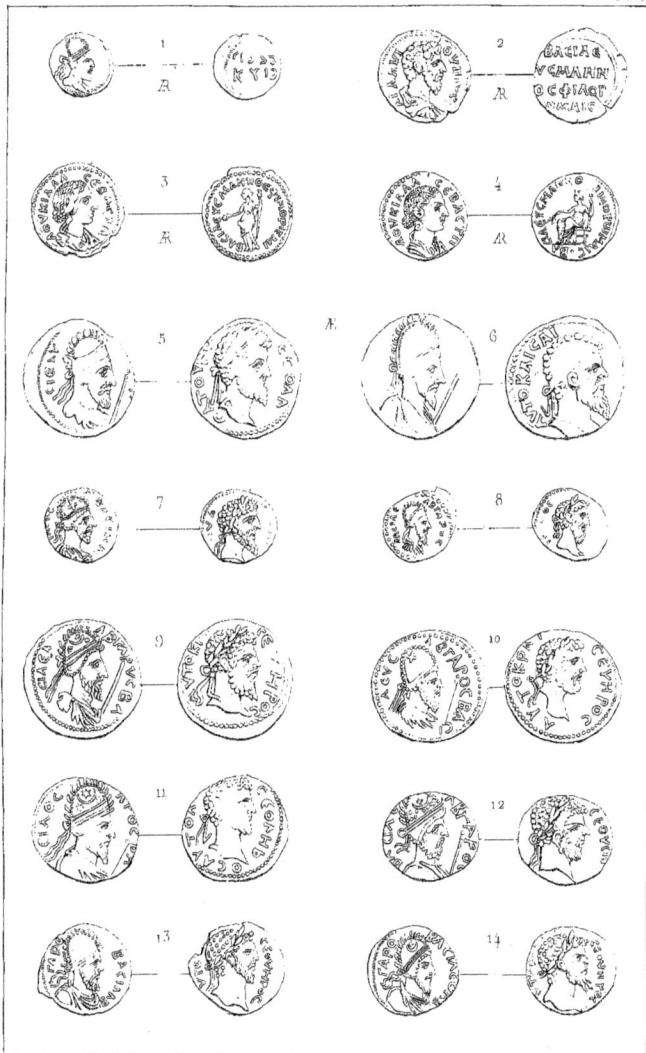

Pl. V.

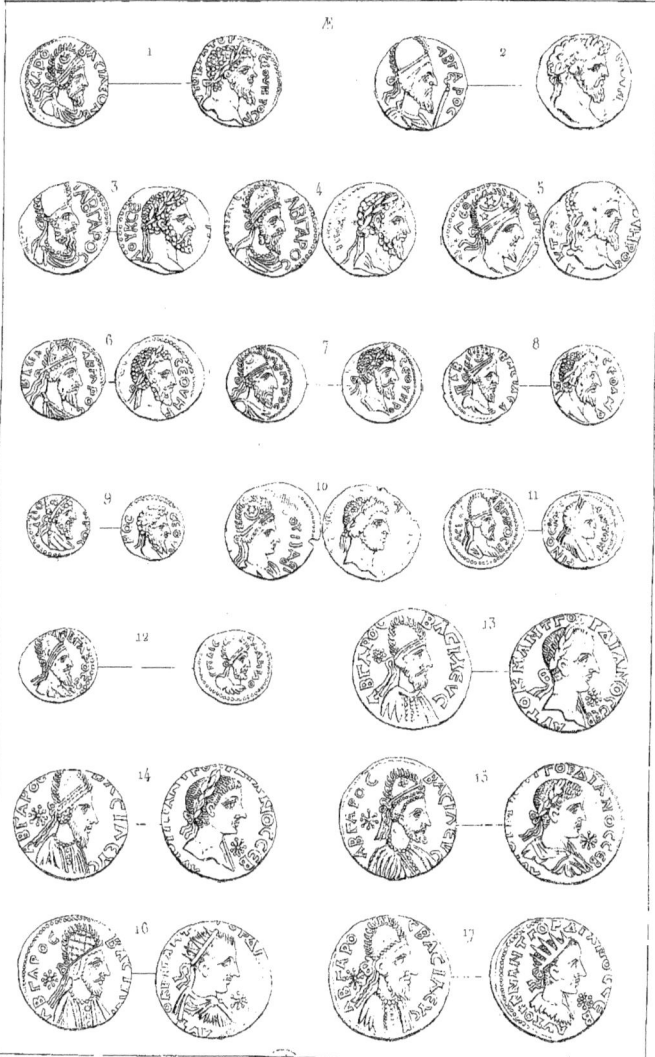

Paris Imp. Pierron, Imp.t de l'École, 8, r. Racine.

Pl. V.

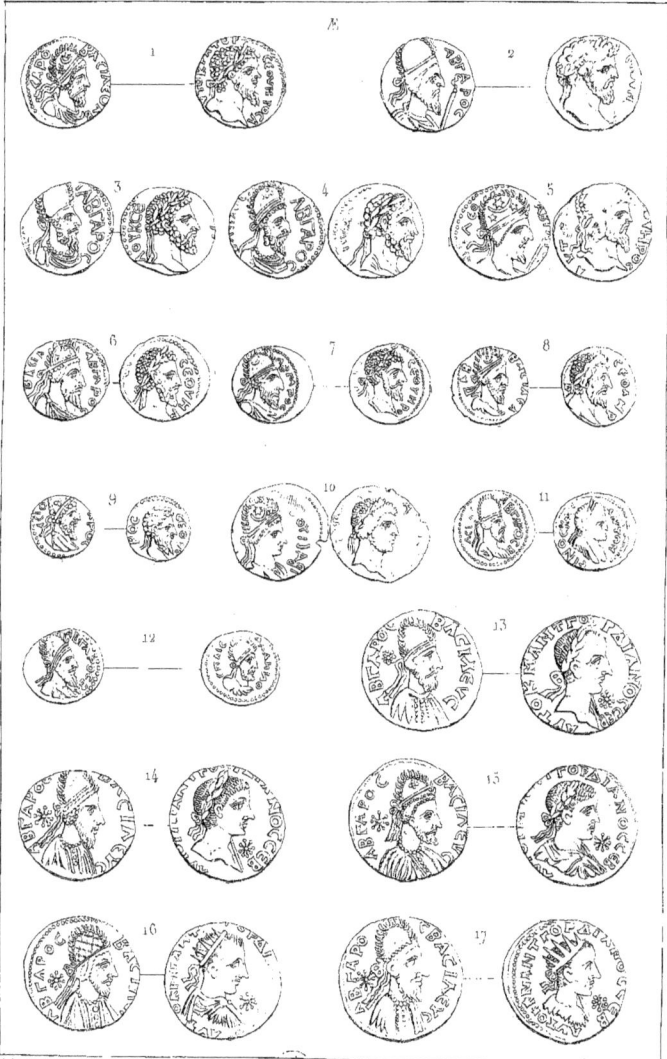

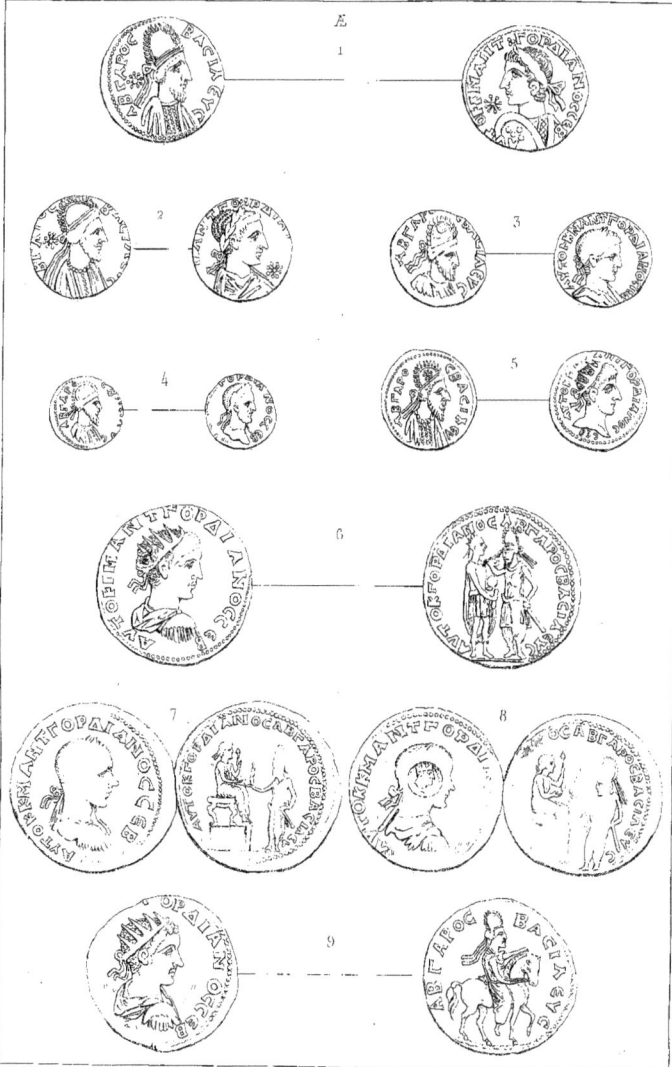

www.ingramcontent.com/pod-product-compliance
Lightning Source LLC
Chambersburg PA
CBHW071806090426
42737CB00012B/1972